本书由大连市人民政府资助出版

The published book is sponsored by the Dalian Municipal Government

中国制药产业技术创新激励效应研究

ZHONGGUO ZHIYAO CHANYE JISHU
CHUANGXIN JILI XIAOYING YANJIU

刘素坤 ◎ 著

首都经济贸易大学出版社

Capital University of Economics and Business Press

·北 京·

图书在版编目(CIP)数据

中国制药产业技术创新激励效应研究/刘素坤著. -- 北京：
首都经济贸易大学出版社,2019.1

ISBN 978 - 7 - 5638 - 2864 - 7

Ⅰ. ①中⋯　Ⅱ. ①刘⋯　Ⅲ. ①制药工业—技术革新—研究—中国　Ⅳ. ①F426.77

中国版本图书馆 CIP 数据核字(2018)第 211812 号

中国制药产业技术创新激励效应研究

刘素坤　著

责任编辑	陈　侃
封面设计	砚祥志远·激光照排　TEL: 010-65976003
出版发行	首都经济贸易大学出版社
地　　址	北京市朝阳区红庙（邮编100026）
电　　话	(010)65976483　65065761　65071505(传真)
网　　址	http://www.sjmcb.com
E - mail	publish@cueb.edu.cn
经　　销	全国新华书店
照　　排	北京砚祥志远激光照排技术有限公司
印　　刷	北京建宏印刷有限公司
开　　本	710 毫米×1000 毫米　1/16
字　　数	202 千字
印　　张	11.5
版　　次	2019 年 1 月第 1 版　2019 年 1 月第 1 次印刷
书　　号	ISBN 978 - 7 - 5638 - 2864 - 7
定　　价	39.00 元

本书由
　　大连市人民政府出版资助
The published book is sponsored
by the Dalian Municipal Government

前　言

制药产业是典型的依靠技术创新驱动的高技术产业。制药强国的新药研发强度基本都在15%①以上，全球100强的制药企业也几乎都是研发型企业，这些企业仅依靠少数的"重磅炸弹"级药物就能够获得垄断性的市场份额和高额的利润。然而，中国制药产业的发展现状却并非如此。目前，立足于中国发展的需要，制药企业必须不断地进行技术创新。

中国正在构建创新型国家，制药产业发展政策也在积极引导企业进行技术创新；中国社会保障制度的不断完善、人口增加、社会老龄化等因素都增加了药品市场需求；除此之外，随着社会经济的发展，社会对新药的需求不断增加，也促使企业进行技术创新。因此，研究制药企业技术创新问题具有很强的实践意义和价值，有助于发现中国制药产业技术创新能力的不足之处，通过研究中国制药产业技术创新现状，挖掘其中存在的问题，有利于推动中国制药产业的发展，实现由制药大国向制药强国的转变。

企业的内部因素和外部因素共同决定了企业的技术创新活动。本书将企业外部因素中最直接影响企业技术创新的新药规制和专利保护作为本书的研究对象。本书针对以新药研发为目的的技术创新活动，研究新药规制和专利保护两个因素对制药产业技术创新的激励作用，从而提出基于这两个方面的激励制药产业技术创新的政策措施。

本书主要研究内容如下：

第1章讲述激励制药产业技术创新的背景、动因与理论分析。本章是本书的理论基础，通过对我国制药产业发展的现状和国家制药产业政策的分析，提出制药产业技术创新需要政策激励。从市场需求的角度分析制药产业技术创新的动因，指出药品市场需求量巨大、市场空白众多，这都需要制药产业通过技术创新来解决。现有研究表明政府规制和药品专利对制药企业技术创新具有激励作用。

第2章讲述基于新药规制和药品专利的制药产业技术创新逻辑框架。本

---

①　此处的研发强度采用研发投入占行业总产值比重进行衡量。

章主要介绍本书研究的逻辑框架,回答了为什么选择新药规制和药品专利这两个视角分析制药产业技术创新问题,阐述了新药规制和药品专利对制药产业技术创新激励的作用机制,指出了新药规制和药品专利之间存在的联系和区别。

第 3 章讲述与新药规制和药品专利有关的制药产业技术创新现状评价。本章是本书研究的现实基础,在分析制药产业技术创新特征的基础上,利用产业数据,从国内外对比维度,分析中国制药产业的技术创新投入(研发经费和研发人员)和产出(专利和新药)的现状及存在的问题。

第 4 章讲述中国新药规制对制药产业技术创新的激励效应研究。本章从理论和实证角度分析新药规制与制药产业技术创新激励效应之间的关系。在分析制药产业政府规制的前提下,构建了政府新药规制与制药企业技术创新决策模型。在理论分析的基础上,利用 2005—2011 年省级面板数据,验证新药规制对制药产业技术创新的激励效应。

第 5 章为中国药品专利制度对制药产业技术创新的激励效应研究。本章从理论和实证角度分析药品专利制度与制药产业技术创新激励效应之间的关系。在分析药品专利对制药产业技术创新激励效应理论分析的基础上,创新地构建了包括立法强度与执法强度的药品专利保护强度测算新指标体系,并测算了中国 1995—2011 年的药品专利保护强度以及 2002—2011 年各省的药品专利保护强度。在此基础上,通过 2002—2011 年省级面板数据检验中国药品专利保护对制药企业技术创新投入的激励效应。

第 6 章为中国制药产业技术创新激励效应比较研究。本章主要从定性描述和变化趋势的角度,研究新药规制政策和药品专利制度对制药产业技术创新投入和产出的激励效应。

第 7 章为中国制药产业技术创新激励机制优化研究。本章从新药规制和专利制度角度出发,研究优化中国制药产业技术创新的激励机制。依据原创药品生命周期,分析制药企业研发预期收益,得出影响企业研发收益的主要因素是药品专利有效保护期限、新药的价格、新药销售产量等。以增加企业研发收益为目的,结合药品研发上市过程中的政府规制政策和前几章的分析结论,提出从药品专利制度、药品注册审批制度、药品定价制度以及新药规制和专利制度之间协调的角度,鼓励企业增加技术创新投入的机制。

本书创新之处主要表现为以下三个方面:

(1)为研究中国制药产业技术创新活动提供新的研究视角。本书以新药研发流程为分析主线,研究药品注册管理、药品定价以及药品专利保护对制药企业技术创新投入的影响,克服了以往只是片面研究某一方面因素对制药产业技术创新的影响的不足。

(2)创新地构建了药品专利保护强度新指标体系。在前人研究基础上,结合中国经济发展转型期特征,修正国外只注重专利立法强度的评价指标体系,构建了既涵盖立法强度又包括执法强度指标的药品专利保护强度新指标体系,使其能够更加客观地量化评价药品专利制度,不仅为药品专利制度的经济学实证研究提供了科学、客观的依据,也为加强药品专利保护指明了方向。

(3)提出了新的优化中国制药产业技术激励机制的视角。本书以药品研发为主线,分析药品研发过程中的政府规制和药品专利对企业研发收益的影响。在此基础上,提出优化中国制药产业技术创新的激励机制政策建议。因此,本书以增加制药企业研发收益为目的,从减少无谓时间损失、优化定价策略、加强政府规制等角度出发,构建了激励制药企业技术创新的政策体系。

本书获得大连市人民政府资助出版。

目 录

1 激励制药产业技术创新的背景、动因与理论分析 ·················· 1

  1.1 激励制药产业技术创新的背景 ······················· 1

     1.1.1 中国制药行业技术水平有待加强 ··············· 1

     1.1.2 国家政策引导制药产业技术创新 ··············· 2

  1.2 激励制药产业技术创新的动因 ······················· 3

     1.2.1 中国药品市场需求刺激制药产业技术创新 ··········· 3

     1.2.2 药品需求结构的多样化需要制药产业技术创新 ········ 7

  1.3 激励制药产业技术创新的理论分析 ··················· 10

     1.3.1 基本概念界定 ························· 10

     1.3.2 政府规制对制药产业技术创新激励效应分析 ········ 13

     1.3.3 药品专利制度与制药产业技术创新激励效应分析 ······ 15

2 基于新药规制和药品专利的制药产业技术创新逻辑框架 ········ 18

  2.1 制药产业技术创新政府规制的动因 ··················· 18

     2.1.1 市场失灵 ··························· 18

     2.1.2 信息不对称 ·························· 19

     2.1.3 过度竞争 ··························· 20

  2.2 药品规制和药品专利保护的必要性 ··················· 21

     2.2.1 药品注册管理的必要性 ··················· 21

     2.2.2 药品专利保护的必要性 ··················· 22

  2.3 基于新药规制和药品专利的制药产业技术创新整体框架 ····· 23

     2.3.1 新药规制对制药产业技术创新的激励机制分析 ······· 24

     2.3.2 专利制度对技术创新的作用机制 ·············· 26

  2.4 药品注册管理和药品专利保护的关系 ················· 28

     2.4.1 药品注册管理与药品专利保护的区别 ············ 28

     2.4.2 药品注册管理与药品专利保护的交叉影响 ········· 28

3 基于新药规制和药品专利的制药产业技术创新现状评价 ········ 31
　3.1 中国制药产业及其技术创新特征 ·············· 31
　　3.1.1 制药产业特征 ·············· 31
　　3.1.2 制药产业技术创新特征 ·············· 34
　　3.1.3 制药产业技术创新的作用 ·············· 35
　3.2 中国制药产业技术创新的现状分析 ·············· 39
　　3.2.1 制药产业发展现状及前景预测 ·············· 39
　　3.2.2 制药产业技术创新投入情况 ·············· 43
　　3.2.3 制药产业技术创新产出情况 ·············· 46
　3.3 中国制药产业技术创新存在的问题 ·············· 50
　　3.3.1 制药技术的投入资金严重不足 ·············· 50
　　3.3.2 制药产业技术创新人才数量不足、结构失衡 ·············· 51
　　3.3.3 制药产业技术创新缺乏合作创新与协同创新意识 ·············· 51
　　3.3.4 制药产业技术产业化程度较低 ·············· 51

4 中国新药规制对制药产业技术创新的激励效应研究 ·············· 53
　4.1 药品规制理论分析 ·············· 53
　　4.1.1 我国药品价格规制的基本状况如下 ·············· 54
　　4.1.2 我国药品的市场准入规制 ·············· 55
　4.2 新药规制与制药企业技术创新决策模型 ·············· 56
　　4.2.1 基本假设 ·············· 56
　　4.2.2 模型分析 ·············· 58
　　4.2.3 结论分析 ·············· 59
　4.3 新药规制对制药产业技术创新激励效应实证分析 ·············· 59
　　4.3.1 研究假设 ·············· 59
　　4.3.2 变量选取 ·············· 61
　　4.3.3 计量模型与数据来源 ·············· 63
　　4.3.4 估计方法:动态 GMM 估计 ·············· 66
　　4.3.5 估计结果与分析 ·············· 67

5 中国药品专利制度对制药产业技术创新的激励效应研究 ········ 71
　5.1 药品专利对技术创新激励作用研究 ·············· 71

5.2 激励技术创新的最优药品专利保护理论模型 ……………… 72
  5.2.1 模型假设 ……………………………………………… 72
  5.2.2 模型构建 ……………………………………………… 74
  5.2.3 模型分析 ……………………………………………… 75
  5.2.4 模型结论 ……………………………………………… 76
5.3 中国药品专利保护强度的度量 ………………………………… 77
  5.3.1 专利保护强度测度方法 ………………………………… 77
  5.3.2 中国药品专利保护强度测算指标设计思路 …………… 79
  5.3.3 药品专利立法强度指标体系构建及其强度测量 ……… 80
  5.3.4 药品专利执法强度指标体系构建及其强度测量 ……… 83
  5.3.5 中国药品专利保护强度的测量 ………………………… 85
5.4 药品专利保护对制药产业技术创新投入激励效应实证分析 …… 90
  5.4.1 模型设定与变量选取 …………………………………… 90
  5.4.2 数据来源与描述统计 …………………………………… 91
  5.4.3 内生性问题与 GMM 估计方法 ………………………… 93
  5.4.4 估计结果与分析 ………………………………………… 94

6 中国制药产业技术创新激励效应比较研究 ……………………… 98
6.1 中国新药规制政策和药品专利制度的历史演变及现状 ………… 98
  6.1.1 中国药品注册管理的历史演变和现状 ………………… 98
  6.1.2 新药价格规制的历史演变和现状 …………………… 101
  6.1.3 中国药品专利制度历史演变及评价 ………………… 102
6.2 中国新药规制对制药产业技术创新激励效应比较 …………… 106
  6.2.1 2007 版《药品注册管理办法》中新药政策变化及
       对技术创新的影响 …………………………………… 106
  6.2.2 新药规制对新药审批的激励效应比较 ……………… 108
  6.2.3 新药规制对制药产业技术创新投入和产出激励效应
       比较 …………………………………………………… 109
6.3 中国药品专利制度对制药产业技术创新激励效应比较 ……… 112
  6.3.1 药品专利制度对制药产业专利申请和拥有激励效应
       比较 …………………………………………………… 112
  6.3.2 药品专利制度对制药产业技术创新投入和产出激励效应

比较 ……………………………………………………………… 114

7 中国制药产业技术创新激励机制优化研究 …………………… 118
7.1 制药企业技术创新成本收益分析 ……………………………… 118
7.1.1 制药企业研发成本分析 ……………………………… 118
7.1.2 制药企业技术创新收益分析 ………………………… 123
7.2 优化制药产业技术创新专利制度激励机制 ………………… 127
7.2.1 建立药品专利预警机制 ……………………………… 127
7.2.2 推动企业成为创新主体 ……………………………… 127
7.2.3 延长药品专利保护期 ………………………………… 128
7.3 优化制药产业技术创新的新药规制激励机制 ……………… 129
7.3.1 强化药品注册审批制度的创新导向 ………………… 129
7.3.2 改革中国现行药品价格规制的政策建议 …………… 130
7.4 优化制药产业技术创新的专利制度与新药规制的协调激励
机制 ……………………………………………………………… 131
7.4.1 建立《药物参比制剂目录》 ………………………… 131
7.4.2 规范专利药上市申请程序 …………………………… 131
7.4.3 加强部门协调,建立专利信息技术平台 …………… 131

附录
附件1:中药、天然药物分类明细及说明 ……………………… 133
附件2:国家化学药品分类标准明细 …………………………… 135
附件3:《药品注册管理办法》(节选)和《化学药品注册分类改革工作
方案》 …………………………………………………………… 137
附件4:《药品政府定价办法》和《药品流通环节价格管理暂行
办法》 …………………………………………………………… 146
附件5:1995—2011年中国药品专利立法强度 ……………… 154
附件6:1995—2011年中国药品专利执法强度 ……………… 154
附件7:2002—2011年各地区药品专利执法强度 …………… 155

参考文献 ……………………………………………………………… 157
后 记 ……………………………………………………………… 168

1 激励制药产业技术创新的
背景、动因与理论分析

制药产业是典型的依靠技术创新驱动的高技术产业。国际上制药强国的技术创新投入强度基本都在 15% 以上,全球 100 强的制药企业几乎都是研发型企业,这些企业仅依靠少数的"重磅炸弹"级药物就能够获得垄断性的市场份额和高额利润。然而,中国制药产业的发展现状却并非如此。因此,研究中国制药企业的技术创新问题具有重要的现实意义。

1.1 激励制药产业技术创新的背景

1.1.1 中国制药行业技术水平有待加强

之所以说中国制药产业技术水平有待加强是基于以下原因:

(1)新药研发是制药产业发展的灵魂。制药产业是典型的高投入、高风险、高收益的高技术产业之一。目前,世界上成功研发一个新药的研发费用已经高达 10 亿美元,研发周期一般都超过 10 年。在新药研发中,每筛选 10 000 个化学分子化合物,大约只有 250 个化合物能够进行临床前试验,而这 250 个化合物中大约只有 20 个能够进入到 I 期临床试验,可能只有 4 或 5 个能够最终通过 III 期临床试验,其中可能只有 1 种能够推向市场。许多实验因最终可能找不到任何有用的化合物而失败,而有些实验即使找到了有用的化合物,这些化合物还可能因存在各种严重的毒副作用不具备市场化条件。由此可见,新药研发的风险非常高,往往是付出巨额研发费用后最终却没有获得有效的技术或产品。但高额投入和巨大风险并没有阻碍制药产业的技术创新,主要原因在于研发成功后的超额垄断收益。一旦原创性新药研发成功,一般情况下,伴随而生的是巨大的市场需求空间。在政府法律的保护之下,企业可在未来几年甚至是十几年内享受这种新药带来的垄断利润,这能够给进行研发的企业带来巨额的收益

（这种收益不仅包括直接的经济收益，还包括给企业带来的间接的名誉收益）。只要企业的这种技术垄断不被打破，就会给企业带来巨额的垄断收益。

全球领先的制药企业每年的研发投入占销售收入的比例一般在 15% 以上，并以此来取得高额利润回报，维持公司的市场份额与垄断地位。2010 年，全球制药企业及生物科技企业用于新药研发的费用为 910 亿美元，其中研发投入前 10 名的制药公司占整个制药产业总研发投入的 10% 以上。辉瑞公司药物研发投入达到 94 亿美元，位居首位；罗氏公司研发投入为 92 亿美元，位居第二；第三位是默沙东，投入 81.2 亿美元；而位居第十的百时美施贵宝投入为 35.6 亿美元，占其总收入的 18.3%。

（2）中国制药产业技术创新不足。迄今为止，中国制药产业的研发强度从未超过 5%，绝大多数年度为 2% 左右。2006—2009 年期间中国制药产业研发强度为 1.7%，随后稍有下降，2011 年为 1.41%，且低于高科技产业的平均研发强度（1.63%），这与制药产业高技术和创新导向的特征严重不符。与国际领先制药强国相比，中国制药产业在研发投入方面少得可怜。全球范围内，位于第一集团的制药强国的研发强度普遍在 25% 左右，且远远高于该国高科技产业平均水平；即使与同样以仿制研发为主的国家相比，中国的研发强度也依然偏低，详见表 1 – 1。

表 1 – 1　部分国家高技术产业与医药制造业的研发强度

单位：%

国别及年度 产业	中国	美国	日本	英国	意大利	加拿大	韩国	瑞典	挪威
	2011	2007	2008	2006	2007	2006	2006	2007	2007
高技术产业	1.63	16.89	10.5	11.1	3.82	11.5	5.86	13.18	5.67
医药制造业	1.41	26.57	16.4	24.92	1.79	11.88	2.51	13.44	5.48

资料来源：《2012 年中国高技术产业统计年鉴》。

1.1.2　国家政策引导制药产业技术创新

2012 年 1 月，工业和信息化部发布《医药工业"十二五"发展规划》（以下简称"《规划》"）。《规划》提出，"十二五"期间，医药工业的发展目标是加快结构调整和转型升级，促进新品种开发，加强自主创新，新技术创新；提高集约化、规模化、国际化发展水平，显著提升药品质量安全水平，加快实现由世界制药大国向世界制药强国的跨越①。在《规划》中，特别强调了制药产业领域的技术

---

① 工业和信息化部. 医药工业"十二五"发展规划［EB/OL］. http://www. gov. cn/gzdt/2012 – 01119/content_2049023. htm.

创新。

"十二五"期间,中国医药工业发展的主要任务中,增强新药创制能力被放在首位。《规划》提出从三方面出发增强制药产业的新药创制能力,分别是:提升生物医药产业水平,持续推动创新药物研发;加强建设医药创新体系;鼓励发展合同研发服务。《规划》中不管是医药工业的发展目标,还是医药工业的发展任务,都将医药产业的技术创新放在首要位置。

随着经济和社会发展的需要,国家食品药品监督管理部门不断完善药品质量与安全相关规定,提高了药品的质量标准。这主要体现在以下两个方面:

第一,新药进入门槛提高。"十一五"期间,国家食品药品监督管理总局对我国药品审批标准和程序进行了调整。当时,我国医药企业技术创新速度较慢,企业创新新药的积极性不够,加上缺乏合理的政策导向,造成中国新药审批中简单改剂型品种和仿制品种的数量较多,低水平重复现象严重。自2007年10月1日起,新版《药品注册管理办法》实施,一系列的相关配套文件不断出台,如《药品注册现场核查管理规定》《中药注册管理补充规定》《药品技术转让注册管理规定》《新药注册特殊审批管理规定》等,旨在通过整合药品注册管理资源,实施药品注册审批机制改革,严把药品注册审批程序,形成科学、合理的药品注册管理体制。这一系列的改革,提高了新药标准和仿制药的技术要求,特别强调仿制药应与被仿制药在有效性、安全性及质量上保持一致,从而进一步引导仿制药的研发与申报工作。

第二,药品质量标准提高。药品质量标准是政府监管部门为公众构建的第一道药品安全的防护墙。随着经济社会的发展,不断提高药品质量标准,体现了政府对公众健康权益的高度重视。对医药产业而言,药品质量标准就是核心竞争力,世界药品经济的竞争,已经不再是制造能力的竞争,而是科技和创新的竞争、设计和标准的竞争。没有高水平的标准,中国就不可能在国内外市场取得有利的竞争环境。

1.2 激励制药产业技术创新的动因

1.2.1 中国药品市场需求刺激制药产业技术创新

随着影响药品需求的各种因素的发展变化,中国居民对药品的消费需求也呈现不断扩大的趋势。这主要归因于人口的不断增长、人民生活水平的提高、医疗保障覆盖面的扩大、人口老龄化的到来等因素。目前,中国已成为世界上药品消费增速最快的国家或地区之一。根据预测,2020 年以前,我国有可能成为世界上第二大药品市场,仅次于美国。

表1-2　中国城乡居民人均医疗保健支出占消费支出的比重

地区 年份	城镇居民			农村居民		
	人均年消费 支出(元)	人均医疗保 健支出(元)	医疗保健支 出在消费性 支出中的 占比(%)	人均年 消费支出 (元)	人均医疗 保健支出 (元)	医疗保健支 出在消费性 支出中的 占比(%)
1990	1 278.9	25.7	2.0	374.7	19.0	5.1
1995	3 537.6	110.1	3.1	859.4	42.5	4.9
2000	4 998.0	318.1	6.4	1 670.1	87.6	5.2
2005	7 942.9	600.9	7.6	2 555.4	168.1	6.6
2006	8 696.6	620.5	7.1	2 829.0	191.5	6.8
2007	9 997.5	699.1	7.0	3 223.9	210.2	6.5
2008	11 242.9	786.2	7.0	3 660.7	246.0	6.7
2009	12 264.6	856.4	7.0	3 993.5	287.5	7.2
2010	13 471.5	871.8	6.5	4 381.8	326.0	7.4
2011	15 160.9	969	6.4	5 221.1	436.8	8.4

资料来源:《中国卫生统计公报》。

如表1-2所示,中国居民对医疗卫生服务的需求在逐年提高,不管是在城市还是在农村,人均医疗服务消费量都在持续增长,2011 年城镇居民人均年医疗保健支出为969 元,农村人均医疗保健支出为436.8 元,在这些医疗保健支出中,药品支出占了相当大的比重。

根据卫生部的统计,卫生部综合医院中,药品费用是医院业务收入的重要组成部分,以 2008 年为例,尽管比重有所下降,但仍然维持在 45%左右(如表1-3 所示)。可以看出,在中国人均医疗费用不断增长的同时,药品费用支出也在不断增加,门诊病人药费占医疗费的比重超过50%,而住院病人药费占医疗费的比重也在42%以上。另外,据卫生部统计,2010 年卫生部综合医院住院患者人均医疗费用中,药品费用占43.4%,而门诊病人人均医疗费用中,药品费用所占比重高达50.7%。

表1-3 综合医院门诊和出院病人人均医药费用

医院 合计 年份	门诊病人 次均医药 费(元)	药费	检查治疗费	占门诊医药费的比重(%) 药费	占门诊医药费的比重(%) 检查治疗费	出院病人 人均医药 费(元)	药费	检查治疗费	占住院医药费的比重(%) 药费	占住院医药费的比重(%) 检查治疗费
1990	10.9	7.4	2.1	67.9	19.3	473.3	260.6	121.5	55.1	25.7
1995	39.9	25.6	9.1	64.2	22.8	1 667.8	880.3	507.3	52.8	30.4
2000	85.8	50.3	16.8	58.6	19.6	3 083.7	1 421.9	978.5	46.1	31.7
2005	126.9	66.0	37.8	52.1	29.8	4 661.5	2 045.6	1 678.1	43.9	36.0
2006	128.7	65.0	39.9	50.5	31.0	4 668.9	1992.0	1 691.3	42.7	36.2
2007	136.1	68.0	42.4	50.0	31.1	4 973.8	2 148.9	1 734.6	43.2	34.5
2008	146.5	74.0	45.3	50.5	30.9	5 463.8	2 400.4	1 887.0	43.9	34.5
2009	159.5	81.2	48.6	50.9	30.5	5 951.8	2 619.8	2 035.8	44.0	34.2
2010	173.8	88.1	53.7	50.7	30.9	6 525.6	2 834.4	2 250.9	43.4	34.5

资料来源:《中国卫生统计公报》。

从药品消费的绝对额看,中国人均药品消费2001年为179.5元(约合21.6美元),约为美国的3.3%、日本的4.07%,可见中国药品市场存在巨大的发展空间①。随着人民生活水平的提高,社会保障制度的不断完善,医药卫生事业的发展,中国人均用药量不断增加,由2006年的271.1元增长到2009年的456.96元,年均增长16.39%,这一增长水平远远高于同期经济的增长水平。

中国市场上药品需求不断增加主要体现在以下五个方面:一是随着中国居民收入的提高,居民的医疗保健意识在逐渐增强,居民的药品消费能力也逐渐提高;二是中国人口老龄化程度逐渐加剧,导致老年人口数量不断增加,而老年人的药品消费量较大,从而加剧了市场药品需求;三是随着中国医疗体制的不断改革和完善,社会保障系统的普遍性和公平性得到有效提高,医

① 陈文玲,李金菊,颜少君. 药品现代流通研究报告——中国药品现代市场体系的研究与设计[M].北京:中国经济出版社,2010.

疗市场上,由于经济原因而被压抑的医疗需求逐步释放,从而增加了药品需求;四是随着中国经济的发展,居民生活水平也不断提高,人们对身体健康的要求也越来越高;五是中国城市化进程加快,也促使中国医药需求持续保持高速增长。

在以下几个因素的推动下,促使中国药品市场快速发展。

第一,人口增长与人口老龄化促进药品需求增加。根据计生部门的统计,中国人口自然增长率是0.6%左右,随着人口的不断增长,药品需求也将不断地增加。2008年,卫生部第四次全国卫生服务调查的结果显示,中国居民的两周患病率为18.9%,慢性病患病率为20.0%。如果以总人口13.3亿来估算,两周内就约有2.5亿人口患病。由此可见,中国药品需求增加潜力巨大。

据估计,约50%的医疗支出花费在5%的高龄人群中。国家统计局统计数据显示,2000年中国老龄人口(65岁以上)为8 821万人,约占总人口数量的7.0%。2011年,中国老龄人口(65岁以上)已经达到12 288万人,占总人口数的9.1%,中国已经进入老龄化社会。据专家预测,老龄人口(60岁以上)到2015年将超过2亿,到2 025年将增加至2.66亿,占总人口的16.44%;到2 051年将会达到顶峰,总量达到4.37亿,占总人口31%。因此,老年人口的持续增长必将增加中国药品的销量。

第二,经济发展与医疗保健投入增加。居民生活水平提高和医疗体制逐渐完善是导致卫生费用支出增长的主要原因。1990年,中国城镇居民人均可支配收入为1 510.2元,到2011年人均达到21 809.8元,增长了14.4倍;而同期农村居民人均可支配收入增长了10.2倍,从1990年的686.3元增长到2011年的6 977.3元。根据国际一般发展历程,随着居民生活水平的提高,其保健意识也会随着提高,用药水平也会上升,医疗消费占总体消费性支出的比例也将逐年上升。中国居民的医疗保健支出也呈现这一规律:城市居民医疗保健支出占消费性支出的比例由1990年的2%不断提高到2005年的7.6%,随后又稍有回落到2011年的6.4%;农村居民医疗保健支出占消费性支出的比例从1990年的5.1%不断提高到2011年的8.4%,并且增长速度加快。

第三,城镇化进程推进带来药品需求增加。随着经济社会的发展,中国城镇化水平不断提高。截至2006年年底,中国城市人口是5.77亿,农村人口是7.37亿,城镇化水平是44%;而2011年中国城市人口是6.907 9亿,农村人口是6.565 6亿,城镇化水平是51.27%。通过对历年城乡人均卫生费用的对比,可以看出城市用药水平要远远高于农村,平均是农村的3倍。因此,中国城镇化的进程必将对医药行业的市场需求产生积极作用。

第四,医疗保障体系的建立,将促进医药卫生服务需求进一步释放。由于中国医疗保障体系不健全、不完善,医疗保障覆盖率低,使得长期以来国民的医药卫生服务需求,尤其是农村需求受到抑制,随着医疗保障体系的健全和完善,随着新医改的推进,中国医疗需求将进一步得到释放。

1.2.2 药品需求结构的多样化需要制药产业技术创新

随着全球人口老龄化和经济社会环境变化,病患的以下变化引发了药品需求的重大变化。例如,疾病从传统的由贫困引发的"贫困病"向"富贵病"转移;从由微生物污染引发的疾病向化学污染引发的疾病转移;从由自身内在引发的疾病向外因(如水、环境、资源等污染)引发的疾病转移;疾病病因也由原来的相对明朗向病因不明朗转变;疾病从原来周期短的急性病向周期长的慢性病转变。所有这些都促使药品需求呈现多样化趋势,从原来的治病用药需求向现代预防疾病用药需求转变。

从表1-4可以看出,2008年占据销售额榜首的是抗癌药,全球市场接近482亿美元,比2007年增长了11.3%。抗癌药市场的强劲增长主要来源于用药量的迅速增长。随着医学诊断水平的不断提高以及高科技诊断设备的迅速普及使用,被准确诊断出患有乳腺癌、肺癌、胃癌及其他常见肿瘤疾病的病人数直线上升,相应地,治疗用药市场也快速增长。2008年,降脂药销售量排名第二位,销售额为338.49亿美元。2008年销售额前15位的产品种类中,增长速度最快的是自身免疫疾病用药,2007年和2008年增长分别达到了21%和16.9%。除此之外,随着患者趋于掌握自己的医疗保健情况,并要求得到更多的治疗权利,患者对药品的需求在药品市场中产生的作用也越来越突出。

表1-4　2007年和2008年全球销售额领先的前15个治疗领域①

排序	治疗领域	2008年		2007年	
		销售额 (百万美元)	增幅 (%)	销售额 (百万美元)	增幅 (%)
1	抗癌药	48 189	11.3	41 707	15.5

---

① 参见:2008年全球药品市场销售额领先的治疗领域与产品[EB/OL]. http://www.ebiotrade.com/newsf/2009-10/2009 102 191 329 242. htm,2009-12-15.

续表

排序	治疗领域	2008 年		2007 年	
		销售额 （百万美元）	增幅 （％）	销售额 （百万美元）	增幅 （％）
2	降脂药	33 849	2.3	33 790	7.1
3	呼吸系统用药	31 271	5.7	28 930	12.3
4	糖尿病用药	27 267	9.6	24 283	10.4
5	质子泵抑制剂	26 525	0.6	25 751	3.3
6	血管紧张素Ⅱ拮抗剂	22 875	12.6	19 447	13.7
7	抗精神病药	22 853	8.0	207 871	0.9
8	抗抑郁药	20 336	0.6	19 781	7.1
9	抗癫痫用药	16 912	9.7	15 264	13.6
10	自身免疫疾病用药	15 933	16.9	13 320	21.0
11	血小板沉积抑制剂	13 633	10.3	11 969	8.3
12	HIV 药物	12 234	11.9	10 740	11.9
13	促红细胞生成素（EPO）	11 459	13.9	12 959	9.1
14	非麻醉性镇痛药	11 161	3.6	10 472	7.9
15	麻醉性镇痛药	10 606	8.8	9 608	13.2

　　根据 Evaluate Pharma 数据显示，2014 年，肿瘤药物市场仍然是全球最大的治疗领域，销售额增长 8％，达 792 亿美元，占整个处方药及非处方药市场的 10.1％。抗病毒药物市场销售额增幅最大（55％），达 431 亿美元。新上市的吉利德公司抗丙肝产品 Sovaldi 和 Harvoni 以及强生公司抗丙肝产品 Olysio，它们的总销售额超过 145 亿美元。多发性硬化症治疗药物市场销售额增幅超过 20％（见表1－5）。

　　比较表 1－4 和表 1－5 可以得出：第一，抗癌药物的使用量稳居榜首。抗癌药的销售额从 2007 年的 417 亿美元增加到 2014 年的 792 亿美元，7 年时间内平均每年增长速度是 12.8％。第二，全球前 15 大治疗领域发生了巨大变化。2007 年和 2014 年的全球前 15 大治疗领域相重合的只有 6 个领域，这从侧面说明，随着经济社会的变化，致病因素在不断地变化，最终疾病的种类也在变化。第三，相同治疗领域的药品销售额在不断增加。比如，糖尿病的用药销售额 2007 年为 243 亿美元，2014 年为 414 亿美元，7 年时间增长了 70％。

表1-5　2013年和2014年全球15大治疗领域处方药和非处方药销售额及总体市场①

排序	治疗领域	全球销售额（10亿美元）		增长率（%）	全球市场份额（%）		变化（%）
		2013	2014		2013	2014	
1	抗癌药	73.3	79.2	8	9.6	10.1	+0.5
2	抗风湿药物	45.0	48.8	8	5.9	6.2	+0.3
3	抗病毒药物	27.8	43.1	55	3.7	5.5	+1.8
4	糖尿病药物	38.3	41.4	8	5	5.3	+0.3
5	支气管扩张药物	32.6	32.5	0	4.3	4.2	-0.1
6	抗高血压药物	33.7	30.5	-9	4.4	3.9	-0.5
7	疫苗	25.7	26.7	4	3.4	3.4	0
8	多发性硬化症治疗药物	16.2	19.4	20	2.1	2.5	+0.4
9	感觉器官用药	17.5	18.6	6	2.3	2.4	+0.1
10	抗高血脂药物	20.1	17.8	-11	2.6	2.3	-0.3
11	抗菌药物	14.7	13.4	-9	1.9	1.7	-0.2
12	皮肤病药物	13.0	12.8	-2	1.6	1.7	+0.1
13	抗精神病药物	13.8	12.7	-8	1.8	1.6	-0.2
14	抗酸药和抗溃疡药	13.1	12.0	-9	1.7	1.5	-0.2
15	抗纤溶药物	11.1	11.4	3	1.5	1.5	0
	以上治疗领域合计	396.0	420.5	6	52.0	53.8	+1.8
	其他	365.2	360.4	-1	48.0	46.2	-1.8
全球处方药及非处方药销售额总计		761.3	780.8	+3	100.0	100.0	

　　从全球研发投入领域看,2013年全球在研药物市场的变化较小。在研药物按消化/代谢、血液及凝血、心血管、皮肤病、复方类、泌尿生殖、抗癌类等16种主要的治疗领域统计、分析(如果一种药物被用于多种治疗领域,则可能被多次统计)。

　　从2013年的统计数据来看,抗癌类药物的增长速度(2.47%)仍然远高于

---

① 参见:Evaluate Pharma. 2015年全球医药行业预测,展望2020年[J].药学进展,2015(12).

行业（全球在研药物总量）的平均增长速度（0.26%）。抗癌药物的市场占比从2012年的29.5%增长到了2013年的30.1%，第一次突破了30%。与2012年的数据相比，2013年神经疾病类药物和抗感染类药物数量基本持平，而激素类和呼吸系统类等小领域则呈现出大幅增长，这与2012年出现的全线增长态势形成了较为鲜明的对比。

此外，生物技术类药物所占比例出现了小幅下降，已从2012年的26.7%下降到了2013年的26.2%，而在2012年之前该类药物一直保持着较强的增长态势。另外，在神经疾病类药物中，亚类精神疾病类药物变化明显。数据显示，在2008年至2013年，神经疾病类治疗药物的占比从26.2%下降至22.1%。

进一步对在研药物的适应症进行统计后，可以看到目前在研药物主要针对的适应症情况。从在研产品的适应症统计情况来看，乳腺癌仍是目前最受关注的疾病，结直肠癌取代前列腺癌排名第二。其他在研产品数量较多的适应症包括胰腺癌、卵巢癌和肾癌等疾病。艾滋病毒感染是目前在研产品数量降幅最大的疾病类别，而2012年排名第二的Ⅱ型糖尿病，排名已下滑至第四位。此外，阿尔茨海默病、帕金森病排名有所提升。2013年唯一新进入前25名的适应症为流行性感冒，这表明流感疫苗的开发仍然是一个重要任务。从在研药物的作用机制来看，目前排名前五位的作用机制包括免疫刺激剂、血管生成抑制剂、细胞周期抑制剂、免疫抑制剂和细胞凋亡刺激剂。

1.3 激励制药产业技术创新的理论分析

1.3.1 基本概念界定

（1）制药产业。西方国家的制药产业（pharmaceutical industry）最早专指化学制药业，随着生物制药业的发展，生物制药业逐渐被纳入到了制药产业范畴中。中国国民经济行业分类（GB/T4 754—2002）将医药制造业划分为化学药品原药制造业、化学药品制剂制造业、中药饮片加工业、中成药制造业、兽用药品制造业、生物与生化制品制造业、卫生材料及医药用品制造业这七个子行业。根据三次产业的分类标准，药品种植业属于第一产业，药品制造业则属于第二产业。

在分析国内制药产业发展与制药产业技术创新等问题时，本书采用《中国高科技统计年鉴》中医药制造业的相关指标数据；而《中国高技术统计年鉴》中医药制造业的统计范畴只包括化学药品制造(包括化学药品原药制造和化学药品制剂制造业)、生物与生化制品制造、中成药制药,不涉及国民经济行业分类中医药产业所包含的其他子产业。

(2)制药产业技术创新。从严格意义上来讲,制药产业对技术创新的界定与制药产业中新药技术创新、药品发明创造是不能等同的。药品发明创造是一种科学研发的行为,一般是指在新药上市前,企业对其进行的研究开发;而新药技术创新则是一种经济行为,它是指新药在上市后生成经济利益的行为。由此可见,制药产业的新药技术创新不仅涵盖了药品的发明创造,还包括了其发明创新所得到的成果——新药的产业化和商品化过程。研发活动是技术创新所必经的重要阶段,因此可以说,没有研发就没有技术创新。新药研发是制药企业依据人类对健康的需求和各种疾病的变化情况,运用现代的科技能力,在经过新药研究与开发、审批注册、生产再到上市等诸多阶段后获取经济效益的整个过程。刁天喜(2007)认为,新药技术创新的整个过程是以新药研究开发为开始,而以新药产品通过批准并得以上市销售为止。因此,本书不对新药研发与技术创新进行更细的区分。

(3)新药规制。本书中关于新药的界定主要是指尚未在中国境内上市的具有创新意义的新型化学合成类药物,仅包括 2007 年修订的《药品注册管理办法》中"中药、天然药物分类及说明"中的 1—6 项(具体见附件 1)和国家食品药品监督管理总局 2016 年颁布的《化学药品注册分类改革工作方案》中规定的第一类和第二类药品(具体见附件 2)。

在药品规制研究领域内,关于新药规制这一概念还没有具体的界定,或者说很少有学者来界定这一概念。广义的新药规制是指政府部门对从药品研发到药品上市过程中各环节的监督管理活动的统称。概括而言,新药规制为药品正式上市流通前的规制,主要包括企业进入市场规制、产品进入市场规制、上市后检测三部分。具体而言,主要包括新药的质量规制、价格规制与安全规制。药品注册审批环节是药品研发中的关键环节,是决定企业研发投入能否实现盈利的决定性环节。因此,在本书中,只关注新药规制中的产品进入市场规制中的药品注册审批环节,并将药品定价与药品注册审批视为狭义上的新药规制。新药研发流程以及在此过程中政府监管环节如图 1-1 所示。

药品注册,是指食品药品监督管理部门根据新药注册申请人的申请,依照法定程序,对拟上市销售药品的安全性、有效性、质量可控性等进行审查,并决定是否同意其申请的审批过程①。药品注册申请包括新药申请、仿制药申请、进口药品申请及其补充申请和再注册申请。而新药申请,是指未曾在中国境内上市销售的药品的注册申请。对已上市药品改变剂型、改变给药途径、增加新适应症的药品注册按照新药申请的程序申报。另外,在本书中只关注新药申请,不考虑药品注册中的其他药品申请。

　　从法律意义上讲,药品注册是一种具体的行政许可行为,其涵盖了非常广泛的内容。学术界将行政许可分为广义和狭义两个层面。广义层面上的行政许可包括行政许可的设定、实施与监督,即不仅包括立法内容,还包括执法内容。狭义层面上的行政许可只包括行政许可的实施和监督检查,即仅包括执法内容②。

　　从狭义层面的行政许可分析,新药注册行政许可主要包括新药的临床前研究、临床研究、新药生产、新药监测期、药品再注册等有关新药注册申请实施、监督与检查等多个环节,而本书研究的新药规制只关注新药市场准入前的环节,并不包括新药投入生产和流通领域后的监督与管理。

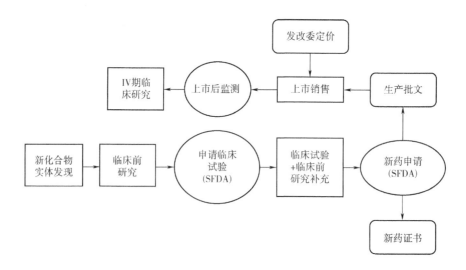

图 1 - 1　新药研发与政府规制

　　①　国家食品药品监督管理总局. 药品注册管理办法［EB/OL］. http://wenku. baidu. com/view/dd8674d0b9f3f90f76c61b8e?　fr = hittag&album = doc&tag_type = 1）,2012 - 12 - 23.
　　②　姜明安. 行政法与行政诉讼法［M］. 北京:北京大学出版社,2005.

1.3.2 政府规制对制药产业技术创新激励效应分析

政府规制是社会公共机构或行政机关依照一定的规则对企业的活动进行限制的行为,这里的社会公共机构或行政机关一般被理解为政府(植草益,1992)。根据规制方式的不同,可以进一步将政府规制划分为经济性规制、社会性规制和反垄断规制。制药产业领域的政府规制主要有价格规制、进入规制、安全规制、质量规制等。在本书中,主要分析价格规制和进入规制对制药产业技术创新的影响。

设置专门的政府规制机构对药品市场进行严格规制是全球范围内的普遍现象。作为社会公共利益代理人的政府规制机构与制药产业利益集团之间实际上是一种博弈关系(Charata,2001),博弈的结果与政府规制是否有效紧密相关。因此,政府规制也被认为是影响制药企业技术创新的最为重要的因素之一。价格规制和市场准入规制可能通过许多渠道来影响制药产业的创新激励。价格规制通过改变创新期望回报的方式而导致创新普遍不足;市场准入规制则会直接或间接地阻碍产品、服务和工艺创新的出现,并延缓它们的扩散。因为,规制将增加引进和扩散创新的成本,减少与之相关的收入的净现值(布雷尤提盖姆,2009)。

格拉鲍夫斯基(Grabowski,1981)和梅克特享(MeCutehen,1993)的研究表明,政府药品注册、专利保护制度、补偿政策、研发费用税前抵扣政策等对新药研发有着激励作用,刺激了公司增加研发投入。但是,以上政策均属于保护型或激励型的政府政策,不是一般意义上政府规制的约束型政策,而更多的学者认为政府规制对制药产业技术创新造成的负面影响是显而易见的。佩斯曼(Pestzman,1973)运用比较时间序列方法和模拟方法研究了1962年美国食品药品管理局(FDA)对处方药安全性和有效性更严格的规制修正条例出台后,该条例对药品创新的影响。他发现,如果用新药上市数量的减少来测算创新引起的成本,那么这种成本大大超过了避免使用无效药品的成本。包括竞争减少引起的成本在内的总成本占每年药品支出的5%—10%。威金斯(Wiggins,1981;1983)发现美国食品药品管理局的规制在20世纪70年代明显减少了新药上市的数量以及企业在研究与开发方面的支出。托马斯(Thomas,1990)的研究显示,美国食品药品管理局的规制造成小企业创新效率降低,但大企业却因此受益,原因在于竞争减弱远远抵消了创新效率降低所造成的损失。欧盟工业联合会对欧洲2 100家企业所做的调查发现,政府规制对企业发展有显著的负面影响,导致企业创新能力、盈利能力及应变能力的降低(施本植、张荐华,2006)。

制药公司进行研发的主要目的是获得高额回报,如果研发投入的回报增加,那么制药企业未来的研发投入也会增加;相反,如果企业研发投入预期获得的回报较低,企业研发的积极性就会降低,其研发投入也会随之减少。埃尔辛加和米尔斯(Elzinga and Mills,1997)构建模型分析医院和医疗管理机构干预处方药定价的效果,他们认为,医疗管理机构干预处方药价格使消费者以较低的价格购买药品,降低了制药公司的收入;尽管他们没有进一步分析得出制药企业较低的研发水平源于企业减少的留存收益,但是其模型可以推测出这一结论。

莫顿(Morton,1997)研究了医疗补助计划(Medicaid)[①]的药品折价政策对美国不同类型药品的影响结果,发现药品专利保护效果使得医疗补助计划政策的效果相当弱。该研究显示,新的专利药使得医疗补助计划政策对盈利能力强的制药企业的作用不能立刻显示出来。药品的价格需求弹性在0.1—0.3之间,因此每降低1单位的药品价格会减少制药企业的收入,从而减少研发和新药创新的投入(Goodman & Stano,2001;Alexander,Flynn and Linkins,1994)。1994年,美国卫生部(Department of Health and Human Services)进行了一项关于制药企业研发与医疗费用支出关系的调查,该调查主要涉及德国、瑞典、英国和法国。调查发现,在这些国家中较低的药品价格不能有效激励制药企业研发,同时,每降低1%的药品价格会导致减少大约0.68%的研发投入(GAO,1994)。

特洛耶和卡斯尼科夫(Troyer & Krasnikov,2002)的研究发现,政府部门的价格限制政策限制了产品的销售,从而对产业创新造成负面影响。他们还分析了美国制药产业中的药品医疗补助政策对创新的影响。研究结果显示,医疗补助计划的医疗补助制度及其药品折扣政策可能会使每年的新药申请数量减少1.24个,每年批准新药的数量下降4.13个。因此,医疗补助计划的药品折扣政策的机会成本是大约每年减少4个新药的批准。在另一项研究中,美国卫生部发现,药品价格降低说明创新的投资回报下降,制药公司创新的动力减弱。

---

① 医疗补助计划(Medicaid):美国联邦与州政府合办的为贫困人群或残疾人提供医疗经济补助的计划,旨在为无力支付医疗费用的人提供免费的医疗服务。

1.3.3 药品专利制度与制药产业技术创新激励效应分析

药品专利保护对制药产业技术创新及发展至关重要,学界的相关研究也日趋活跃。然而对于药品专利(制度)对制药产业技术创新的影响作用的结论并不一致,有些学者认为药品专利制约了制药产业的技术创新,有些学者认为药品专利制度促进了制药产业的技术创新。从现有研究成果看,大部分学者的研究结论是药品专利制度对制药产业技术创新具有积极作用。

(1)药品专利(制度)促进技术创新。有研究表明,当专利药品在其专利期届满且必须与更为便宜的仿制药竞争时,专利药品的价格并未趋于下降。其原因是专利垄断使医生和患者习惯于使用该专利药品,当更便宜的仿制药出现时,他们大多不愿意用仿制药代替专利药品,因此,虽然仿制药或许会占领部分市场,导致专利药品销售出现一定程度的下降,但因专利药品每单位的利润较高,其总利润仍然很可观。

布鲁姆、雷宁和米歇尔(Bloom,Reenen,Michael,2000)认为,药品专利对于公司的生产力和股价都有正面影响,该正面效应能立即反映在股价上。对于医药公司而言,公司拥有专利的数目越多,越有利于公司新产品的开发。麦克米伦、毛里和罗伯特(Mcmillan,Mauri,Robert,2003)以美国制药企业为例,研究表明药品专利促进了制药企业的研发投入,从而导致市场上新分子实体激增,同时研究还表明,研发投入是促进公司业绩增长的重要途径。里克纳和雅克布森(Rickne & Jacobsson,1999)研究了瑞典药品专利制度实施后的情况,结果表明,知识密集型公司的绩效得到显著提升,从而提高了医药研发的投入,使得医药工业得到快速发展。

泰勒和西尔布斯通克(Taylor,Silbcrstongq,1973)研究了1950年至1968年期间,美国、日本和德国在医药、基础化学和电子技术领域近100家公司的研发投入和产出情况,得出结论:随着科学技术的发展,技术创新将越来越依赖于专利制度的保护,其中医药产业的技术创新对专利保护的依赖性最强。

曼斯菲尔德、施瓦茨和瓦格纳(Mansfield,Schwarz,Wagner,1981)通过调查48种药品的专利保护情况,发现如果没有专利制度的保护,90%的药品将不会被研发出来。曼斯兹尔德(Mansfield,1986)研究了美国1981年至1983年12个行业100家公司的研发活动情况,得出与其之前研究相类似的结论:如果没有专利保护,60%的药品发明难以问世。

莱文、阿尔文和克勒沃里克(Levin,Alvin,Klevorick,1987)研究了医药产业等 18 个行业 650 个企业的研发投入金额、研发投入密度、销售费用金额情况,结果表明,仿制主要产品专利比仿制非专利产品花费更多时间,仿制典型产品专利比仿制非典型产品专利花费更多时间,因此,专利保护是技术发明避免被竞争对手仿制的较优措施。

科恩、纳尔逊和沃尔什(Cohen,Nelson,Walsh,1996)研究了 1994 年美国医药产业、化学、半导体、通信设备领域 1 478 个研发实验室专利申请情况与技术秘密情况,结果表明,大型企业更依赖于专利保护,主要原因是可以通过技术许可获得经济利益,将专利作为提高企业市场竞争力的筹码,而非单纯地防止他人假冒和仿造。

肖克曼(Schankerman,1998)研究了 1969—1982 年期间法国医药产业、化工业、机械制造业和电子产品制造业的专利申请量和专利更新速度情况,结果表明,各领域的研发投入量不仅取决于专利法律保护,还在很大程度上依赖于企业所处国家或地区的制度性限制因素(或政策性因素),而且医药产业对专利法律保护和制度性限制因素的依赖性更强。

有学者分别从地区层面(欧盟、北美)和国家层面(美国、意大利、加拿大、印度、英国)研究了药品专利保护对企业创新活动的影响,选定药品研发投入和药品专利申请量为测量指标,研究结果表明,加强药品专利保护有助于制药公司将更多的资金投入到药品技术创新研究中,随之而来的是药品专利申请量和授予量增多(Harvey,Bale,1996;Pazderka,1999;Grabowski,2002;Scherer,Weisburst,2005;Taggartl,2007;Fink,2009)。巴克利(Buckley,2007)研究了 1994 年至 2005 年期间美国药物研发活动情况,结果表明,加强药品专利保护能够激励生物技术领域的药品研发,使得更多的新药品问世。

(2)药品专利(制度)阻碍技术创新。学界普遍认为专利制度是促进技术创新的有效手段,但是也有学者通过研究得出与之相反的结论,即药品专利制度的存在抑制了制药产业(企业)技术创新的积极性。

黑尔和艾森伯格(Hell & Eisenberg,1998)以美国医药制造业为研究对象,结果表明,较高的研发交易成本、专利持有人之间的利益异质性、科研人员之间的认知偏见,以及专利权人并不愿意参加专利共享的"专利池"等原因,致使"专利碎片"和"专利扎堆"并存的现象日趋严重,限制了药品研发技术的累积创新。谢勒(Scherer,2002)研究了日本、加拿大、法国、英国、德国和丹麦的人类基因序列专利量、实际用途分类及研发投入情况,结果表明,人类基因专利分布呈现出"重合"或拥挤状况,专利保护直接降低了"下游"科研人员的研发积极性,并最终导致制药公司的研发成本逐渐增高、利润逐渐下降。袁（Yuan，2009）研究了美国 1980 年至 2002 年期间医药制造公司雇员量、研发投入强度以及对技术创新产生影响的相关专利情况，结果表明，随着研发活动和专利授予之间的时滞延长，生物医药领域的"敲竹杠效应"呈抛物线趋势，并且这种效应与时滞关系呈正相关关系。

（3）专利制度与技术创新的非线性关系。另外一些学者则认为，专利保护与技术创新之间并不是简单的线性关系，而是某种非线性关系。拉尔（Lall，2003）认为，不同国家的知识产权保护对技术创新的效应是不同的，而这些差异主要取决于不同国家的工业化水平、技术水平和经济发展水平。施耐德（Schneider，2005）选取不同发展程度的 47 个国家的 1970—1990 年的面板数据进行了实证研究，结果表明，知识产权保护对发达国家的国内创新有促进作用，但是对发展中国家的国内创新则存在抑制作用。王华（2011）的研究结果与之相似，他选取 27 个发达国家和 57 个发展中国家的 2006—2008 年的面板数据，研究结果表明，发展中国家的知识产权保护对技术创新具有显著的门槛效应，而这种效应在发达国家样本中不显著。余长林和王瑞芳（2009）通过构建古诺模型，从理论和实证方面研究了发展中国家的知识产权保护与技术创新之间的关系，模型分析结果显示，发展中国家的知识产权保护强度与技术创新之间存在"倒 U 型"关系；通过对 60 个发展国家的数据进行实证分析，计量结果与理论模型分析相一致。

2 基于新药规制和药品专利的 制药产业技术创新逻辑框架

本章主要回答为什么选择新药规制和药品专利视角分析制药产业技术创新问题,以及新药规制和药品专利对制药产业技术创新的激励作用机制,同时研究新药规制和药品专利之间存在的联系和区别。

2.1 制药产业技术创新政府规制的动因

制药产业技术创新的产出结果主要是药品和各项新技术、新工艺。从企业追逐利润的角度分析,制药产业技术创新的最终目的是研发新药。药品是一类特殊的商品,它直接影响人类身体健康。药品的消费选择由第三方医生决定以及药品效果评价不明显等药品的特殊属性,决定了政府必须监督管理药品的质量、价格等因素。除了药品的特殊属性外,药品市场还存在着严重的市场失灵、信息不对称、过度竞争的问题,也需要政府进行合理合法的正当干预。

2.1.1 市场失灵

药品规制同其他规制(监管)一样起源于市场失灵。药品行业存在以下方面的市场失灵导致需要药品规制。

(1)药品行业存在市场进入壁垒与市场势力。药品行业的市场进入壁垒主要体现在技术水平、规模经济与准入监管政策。一方面,药品研发的高技术含量及高投入,使得药品行业进入壁垒较高,市场集中度高。一般情况下,药品生产集中在少数几家大的药厂,药品经营集中在大的连锁药房。另一方面,由于药品的生产经营使用关系着人民生命健康安全,政府必须进行准入监管,进入药品行业必须达到一定的质量规范标准,如中国的药品生产质量管理规范(GMP)等质量管理规范。这就抬高了药品行业的进入门槛,使得一些小药厂、小药店退出了药品行业。

市场进入壁垒的存在往往会形成市场势力,从而控制行业的供给数量与供给价格。药品行业的技术特点往往会使某些药品只能由一家或者少数几家药厂供应,因而药品生产者成为这些药品价格的制定者,它们会按照收益最大化原则来定价,这个价格可能远远高于边际成本。按照资源最优配置理论,这会引起"配置非效率"。但与自然垄断不同,这种市场势力是由技术原因形成的,为保持这种最大化的收益,它们会持续创新,改进技术,这样会有利于促进和保护人民的生命健康,这对整个经济来说又是一个收益。因此,药品行业的政府监管既要保护药品创新,又要对这种市场势力进行一定的限制,以使社会福利最大化。

(2)外部性的存在。药品市场既存在外部经济又存在外部不经济。一方面,药品的不断创新,尤其是作为基础的原研新药的开发,带动了后期仿制药、改剂型、改包装等其他几类新药的开发,对整个药品行业带来正的外部性,带动了整个药品行业的发展;另一方面,虚假的药品广告对整个药品行业带来负的外部性,使消费者对药品行业产生怀疑,增加了整个药品行业的支出。

(3)中国药业市场上存在着广泛的内部不经济。其主要表现为假冒伪劣药品泛滥以及市场进入混乱。许多地方和部门擅自开办药品经营企业和药品集贸市场,大量无证或证照不全的经营者充斥其中,在缺乏药品经营设备、不懂药品经营技术的情况下,大搞诱购贿销,成为假冒伪劣药品的主要渠道。另外一个外部不经济现象为药品购销中回扣之风盛行。由于回扣率一般在10%—15%,有的地方甚至高达60%—70%,而医疗机构本已享有15%—18%的药品批零差价,因此医疗机构大发药"财",病患者则不得不承受大处方、高药价的畸高成本。

2.1.2 信息不对称

药品作为一种特殊商品,它是人类生存发展的必需品,但是由于制药产业的专业性特征,药品在研制、生产、销售和使用环节存在严重的信息不对称,所以世界上大部分国家都对药品实行严格的政府规制,主要包括药品的安全性规制和价格规制,尤其是药品安全性规制受到人们的广泛关注。

信息不对称是市场失灵的主要表现形式之一,也是政府进行市场监管的一个重要依据。其基本特征是:相关交易信息在交易者之间的分布是不对称的,即一方比另一方占有较多的相关信息,处于信息优势地位,而另一方则处于信息劣势地位。这种信息不对称现象在药品市场尤为突出,具体而言,普通消费者与药品的生产者、销售者、医师及药师之间,对药品的质量、用途、用法等信息的掌握,存在着高度的不对称。大多数消费者对药品的质量、真假、疗效等没有分辨能力。这就使得在药品的交易中,消费者始终处于劣势地位,并且有可能要承担额外的交易成本。药品企业比消费者更清楚其产品的质量、成分、形状、药理病理和禁忌等。而单个消费者受时间、精力和能力的限制,不可能花过多的时间、精力去搜寻所有药品信息,一般只能接受企业的声明、广告和宣传,从而承担一定的风险。

2.1.3 过度竞争

药品市场是一个竞争性的市场,同时又具有高技术、高投入、高风险、高附加值以及相对垄断等特点。药品市场中的药品产业大多是知识密集型和资本密集型的产业,在投资界拥有"永不衰落的朝阳产业"的美誉。国外的药品产业大多是一个具有高进入壁垒和低竞争性的产业,又是一个高集中度的产业,属于寡头竞争市场。而在我国却是截然不同的景象。由于我国人口众多,药品市场需求量庞大,众多企业纷纷将目光投向药品市场,再加上我国实行的药品生产准入制度过于注重形式审查而忽略实质审查,造成制药企业进入药品市场的门槛偏低,制药商很容易便可获得药品生产准入的资质,从而造成了药品市场结构分散、企业间竞争激烈的状态;制药市场资源配置效率被扭曲,其利润由于过度竞争而耗散,从而造成许多效率低下的企业出现大面积亏损的局面。同时,药品的生产企业、经营企业结构不合理,多数生产企业规模小,无法形成规模效应;企业数量多,产品低水平重复建设多;大部分生产企业科技创新能力低、管理水平低、生产能力低,部分中小制药企业不是把资金放在科研创新上,而是投放到药品广告宣传领域,造成了资源的严重浪费和制药企业科研能力严重下降。

其实引发药品市场失灵的因素还有很多,除了药品市场的信息不对称和过度竞争外,还有药品市场的自然垄断、药品的外部性、集体行动等因素;此外,药品市场机制自身无法解决效率以外的非经济目标,如资源的公平分配、弱势群体的保护、药品生产带来的环境污染等,这也是药品市场失灵的重要因素。具体到药品市场而言,信息不对称和过度竞争是导致药品市场混乱的最典型、最重要的因素,因此本书在此只对这两方面进行重点探究。

为了克服药品市场自身的缺点,保证药品市场安定有序的发展,政府要加强对包括药品市场准入在内的药品市场各个环节的监管,切实保障药品的有效供给,保障药品质量,维护药品市场的秩序,维护公共利益。通过政府积极有效的干预,帮助药品市场矫正自身缺点和药品市场机制无法解决的非经济目标。政府药品规制机制便是诸多药品市场失灵矫正机制中较为理想的途径。

2.2 药品规制和药品专利保护的必要性

2.2.1 药品注册管理的必要性

药品市场交易双方的信息不对称导致了药品市场失灵。那么,如何确保消费者获得相关的信息、弥补市场在这方面的缺陷,就成为政府的职责。谈到职责,这里便涉及社会性规制模式中的"信息监管"。信息监管的主要方式是强制披露,即强迫供应者提供有关商品或者服务的价格、特性、成分、数量或质量、日期、警告、使用说明等方面的信息,以此来减少消费者的调查成本,保障消费者对药品的知情权。因此,按照保护弱者的原则,政府通过法律法规要求企业公布有关药品的特性、成分、性状、药理毒理、禁忌、适应症、不良反应、注意事项、生产日期、保质期等信息,监督药品企业的行为,使信息不对称的状况有所改进,促进交易的顺利进行,同时约束企业可能存在的欺骗行为。

政府监管机构考虑到消费者彻底了解产品信息并做出决定的成本巨大,采用标准控制的监管方式将供应商的产品或服务调整到某种假定是消费者选择的一种标准上,不失为一种较低成本的监管方式。监管机构实行标准控制,实质是政府为患者在药品质量上把关。政府作为公权机构有资金、有能力、有职责监督控制药品质量。监管机构领导下的专家团体为药品信息理解的正确性提供保证,尤其是在可能因患者理解错误而导致高昂代价的情况下,标准控制监管就起了超越个人选择的决定性作用。然而,标准控制也有其力所不及的禁区,本书中探讨的标准,是药品在投入市场之后,监管机构根据药物疗效的情况和患者的反馈而设定的一种标准,如改良药物在原始药物疗效的基础上制定的质量标准。然而与这种标准所不同的是,在探究尚未上市的新药时,新药因为尚未投入市场,其标准也就没有安全性、有效性以及患者反馈信息作为基础,因此也就不可能采取标准控制的监管方式,不可能充分保证药品投入市场前的质量。

面对信息监管和标准控制所表现出来的局限性,事先批准的监管方式有效地弥补了两种药品质量监管上的不足。事先批准也就是依据药品注册审批制度对新药申请进行初审,通过形式审查和技术内容审查淘汰一批不合标准的新药申请。经过初审程序的新药申请进入临床试验阶段,然后经过数期的临床研究,再淘汰一批不合标准的新药申请,从而使得进入到新药批准生产和上市阶段的新药申请能够得到有效的质量保证。

2.2.2 药品专利保护的必要性

专利法的目的在于保护发明专利权,鼓励发明创造,从而促进发明创造的推广应用和科学技术的发展。专利权人在一定期限内对其发明享有排他性、独创性的专有权。药品专利,有时也被叫作药物专利,是就药品申请而言的专利,包括药品产品专利、药品制备工艺专利、药物用途专利等不同的类型。药品产品专利主要有药物化合物专利、西药复合制剂专利、中药组方专利和中药活性成分专利等。药物制备工艺专利主要有药物化合物的制备方法专利、西药复合制剂的制备方法专利、中药活性成分的提取方法专利、质量控制方法专利和老药改剂型方法专利等。药物用途专利是指对已知药物发现了某一不为人知的新用途时,针对这一用途本身申请并获得授权的专利。

几百年来各个领域的专业人士一直在热烈讨论一个问题:专利对创新的促进作用究竟有多大? 事实证明,专利并不能有效激励所有的领域产生新成果,而且专利制度对不同创新领域的作用是不同的。调查显示,在各个技术创新领域中,药品受专利保护的激励作用最为明显。美国著名经济学家曼斯菲尔德曾对药品专利保护进行过深入调查研究,他发现制药领域受到专利保护的影响很大,药品是完全依赖严格的专利保护才被研究开发出来的。换言之,失去充分的药品专利保护,新药的研发速度将大大降低。但是,由于各国制药能力不同,各国受药品专利的激励创新程度也不相同。

发达国家中利润最高的行业之一即是制药行业。制药行业也是一个与民生紧密相关的特殊的、重要的技术领域。近年来,制药行业发展迅速,但也时刻紧绷着十分脆弱的神经,其对专利保护的依赖性也逐渐增强。从根本上讲,其原因来源于以下两方面:

首先,制药行业天然具有的高风险与高成本的特点。新药的研发具有成本高、周期长、风险大的特点,因而制药行业对专利保护的依赖性较强。通常来讲,研发一种新药并成功上市是一个极其复杂而漫长的过程,而且没有捷径。新药研发大致分为两个阶段:基础研发阶段和开发阶段。基础研发阶段先对疾病进行病理分析,以此为药品研发的起点,该阶段通常可能需要消耗几年至几十年不等的时间,从整个研发过程来看,基础研发阶段的创造性和不确定性最高。在分析清楚疾病的病理之后,药品研发就进入开发阶段,该阶段由临床前阶段和临床阶段组成。确定药物的待选方案后进入临床前阶段,然后通过充分的动物试验及细胞培养实验分析药物的药理学特性。在研究开发新药的整个过程中,分离出一种新活性有效成分,只是整个研发过程的第一步。其后,就是临床阶段,即在人类身上测试临床前阶段的药物候选方案。临床前阶段合成许多具有药物活性的化合物,筛选活性药物是一个艰难的过程,需要更加持久的药理性试验、毒副作用试验和临床实验,经过多方反复验证的试验过程并确保足够的安全性和疗效性之后中,才能上市。数据显示,平均每 4 000 种具有药理活性的化合物中,能进入临床试验的大约仅有 5 种,而多重严格筛选之后的优良品种仍然可能在最后的安全性试验过程中惨遭淘汰,最终可以保留并进一步开发为药品上市的只有 1 种。药品研发过程的特殊性,决定了每一款成功上市的新药都要花费大量的资金和时间。所以,临床阶段是整个研发过程中最复杂、最昂贵的阶段。

其次,制药行业对专利依赖的程度远高于其他行业。专利保护严重影响着制药行业的发展。欧盟药品工业协会曾反复强调过专利权对制药行业的特殊重要性,专利权规则的任何轻微变化(无论此种变化是积极方面的,还是消极方面的)均会对制药公司在发展高风险、高成本的新药研发方面产生深远而巨大的影响。

2.3 基于新药规制和药品专利的制药产业技术创新整体框架

技术创新的驱动力分为企业内部驱动和企业外部驱动。本书以企业外部驱动的政府政策驱动对技术创新的影响作为研究理论基础,以制药产业技术创新的流程为研究路线,以制药产业技术创新追逐利润为导向研究制药产业技术创新激励效果问题。制药产业技术创新的主要产物是专利和药品,其中,药品的经济价值最高,即能给企业带来丰厚的技术创新投入回报。只有在研发出新药并成功上市的情况下,制药企业技术创新才能实现高回报。新药的注册需要满足不侵犯他人专利的前提下才可以顺利获得新药证书。新药上市的价格经发改委价格审批后,新药才可以进入市场流通销售。新药规制和药品专利对制药产业技术创新的影响见图 2 - 1。

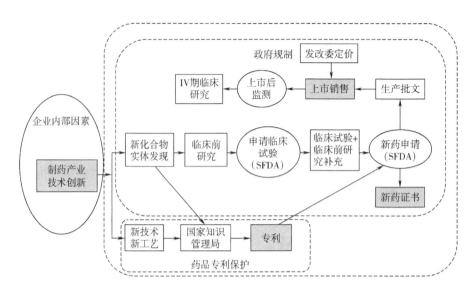

图 2-1　新药规制和药品专利对制药产业技术创新的影响

2.3.1　新药规制对制药产业技术创新的激励机制分析

(1)政府规制通过直接和间接作用机制激励企业技术创新。政府规制在推动产业发展演进的过程中发挥了重要作用,政府规制推动企业技术创新的作用机制如图 2-2 所示。

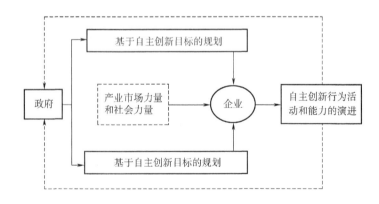

图 2-2　政府规制对企业自主创新的作用机制

政府规制是影响企业自主创新的重要力量。政府规制决定着制药企业技术创新能力(自主开发能力)的演进,虽然 1999—2005 年政府规制对制药企业技术创新的影响作用变弱,但并不是完全失去激励作用,政府规制仍然在制药企业技术创新能力(自主开发能力)演进中发挥着重要作用。因此,在市场经济条件下,政府规制依然能够通过适当的途径影响企业,促进企业提高技术创新能力(自主创新能力)。

政府规制通过直接和间接作用机制影响企业技术创新(自主创新)活动。一方面,政府通过创新奖励和资助创新、保护创新成果的高收益回报、进入壁垒、税收优惠等手段,激励企业主动进行技术创新;另一方面,政府通过制药产业政策等的调整来改变制药产业竞争结构,进而激励企业进行技术创新。所以,政府规制可以直接干预或者间接影响企业的自主创新活动。直接作用机制的手段主要包括:资源投入、项目批准、预期高收益激励、文件精神指示等;间接作用机制的手段主要包括:构建或废止产业进入壁垒、制定产业技术标准、确定产业扶持政策等。随着市场经济体制的逐步完善,间接作用机制必将逐步替代直接作用机制成为政府规制激励企业技术创新的主要方式。

(2)药品注册审批制度对技术创新的导向作用。制药产业的政府监管是以行政法律法规形式体现的一项围绕制药产业的正式制度安排。由于中国药品研发的整体水平不高,药品监管部门必须充分发挥导向作用,鼓励创新、引导创新、支持创新、服务创新,引导企业投入到新产品的开发中。与往年相比,2010年通过国家食品药品监督管理总局审批的仿制药的数量急剧减少,新药申报比例明显提高,已从几年前的不足20%上升到40%左右,表明了政府扶持创新药、遏制仿制药泛滥的决心,同时也让从业者看到了鼓励创新的初步成效。据彭博公司提供的最新数据显示,2010年度美国国家食品药品管理局只批准了21个新药(包括6种生物制品和15种小分子药物),而中国国家食品药品监督管理总局(SFDA)共受理药品注册申请4 734件。在境内申请中,新注册申请1 702件(其中新药712件)。共批准药品注册申请1 000件,其中,批准境内药品注册申请886件,批准进口114件。在886件药品注册申请中,新药124件,占14%;改剂型111件,占13%;仿制药651件,占73%。

新药审批注册是药物上市的必要环节,对于制药企业而言,正确理解并运用好药品注册的相关规定,对于推进药物研发、上市的全过程都有积极的作用。从药品注册的鼓励对象来说,除化学药和中药的一类新药可以进入特殊审批程序外,同样鼓励"对治疗艾滋病、恶性肿瘤、罕见病等疾病且具有明显临床治疗优势的新药"和"治疗尚无有效治疗手段的疾病的新药"的研发。美国等发达国家的药品注册也很少鼓励纯粹的一类新药的研发,而是鼓励能解决临床未满足需求的药物研发。

中国的药品注册审批制度在鼓励一类新药研发的基础上,补充了鼓励能解决临床未满足需求的药物研发的内容,对国内企业新药研发战略的制定做出了正确的引导。

2.3.2　专利制度对技术创新的作用机制

当今世界各国的竞争,越来越成为技术创新能力的竞争。自主创新能力和知识产权正成为最重要的战略资源。知识产权制度的发展会对技术创新活动中的竞争行为产生直接影响。知识产权制度制定了一系列平等的竞争规则,从而为技术创新主体进行技术创新活动创造了一个公平有序的竞争环境。尤其是,专利制度鼓励建立在技术创新基础上的公平竞争,它通过专利法建立了公平竞争的规则,从而为技术创新活动营造出一个良好的公平竞争的法律环境。具体来说,专利制度对技术创新的作用机制包括如下几个方面:

第一,专利制度激励技术创新。技术创新的成果,本质上体现为一种知识,也就是一种信息产品。从经济学角度来讲,知识具有共用品特征,即具有非竞争性和非排他性。非竞争性是指每一个人可以同时使用这些技术创新知识,而不必发生额外的发现成本。非排他性是指当一个人使用技术创新知识的同时,并不会妨碍其他人的使用。经济学认为,共用品存在投资过少的问题,这是因为投资的收益得不到保证。而知识产权则解决了这个问题。

明确技术创新的产权归属问题,能够确保技术创新主体获得其从事技术创新活动的稳定预期收益。知识产权的独占性使得技术创新主体对其创新产品在一定时期中拥有独占权。这种独占权是通过国家法律的形式强制规定的,任何侵犯这种权利的行为都会受到相应的惩罚。这种独占权以及附加于独占权上的收益预期,是创新主体从事艰苦的创新活动的首要经济激励。此外,这种独占权的作用还会通过现代企业制度进行不断放大。企业只有加快技术创新的步伐,才能够适应技术发展速度,才能够在激烈的竞争中立于不败之地。知识产权通过独占权赋予,使企业具有一定的垄断权利,从而可能会获得垄断租金,这对企业产生了巨大的激励。保护知识产权,激励技术创新,提高创新效率,进而推动整个社会技术创新的速度和科技进步的步伐,是每个国家强盛的必由之路。

长期以来,中国技术创新存在科技成果转化难的问题。其原因是多方面的,但对知识产权重视不够、对知识产权保护不力,是非常重要的一个因素。由于模仿、盗版众多,技术创新仅仅局限于满足个人晋升需要,没有提供足够的经济激励。随着知识产权保护的增强,这方面的情况已经有所改观。

第二,专利制度推动技术创新。专利制度不仅为技术创新提供了强大的动力,也对加速知识传播起到了重大的推动作用。技术创新是在前人研究成果的基础上进行创造性的智力劳动。保护知识产权,促进技术创新资源在技术创新主体之间的流动和传播,会促使技术创新不断地进行。知识产权赋予权利人一定的垄断权利,是以技术公开为条件的。知识产权的所有者和持有人要取得发明创造的专有权,就必须将其发明创造的内容和信息向社会公开。各国专利法都规定,申请专利的发明创造,必须将其发明内容用充分完整的说明书公开,并在法定期刊予以公布。比如,中国专利法规定,申请发明专利,其技术从申请提交之日起 18 个月内予以公布,实行早期公开。对于符合条件的授予专利权,技术发明创造者要获得知识产权的保护,必须在一定范围内及时公开其发明创造。这些规定使得最新的技术情报不仅在国内,而且在世界范围内得到广泛传播。因此,提供知识产权的保护,其实是促进知识产品的传播和公开。知识产品消费上的非排他性,导致知识创新具有规模报酬递增的特点,也就是知识产品的市场具有加速的趋势。在美国,通过知识产权查询共享系统,一项新的创新成果可以立即在系统中反映出来。这样如果其他人再进行相同领域的研究,就可以便捷地查阅研究的最新成果,避免了重复研究,大大节约了资源。据世界知识产权组织统计,在创新活动中,利用好专利文献可以节约40％的科研经费及60％的研究开发时间。

第三,专利制度为技术创新提供公平竞争的法律环境。企业进行技术创新,获得技术创新带来的垄断租金,必须要有一个公平的竞争规则和良好的竞争环境。专利的本质是鼓励技术创新、公平竞争,通过专利法及其配套政策法规建立一套完善的公平竞争规则。例如,各国的专利法都对专利申请,授予专利条件,专利审查和批准,专利权限、终止和无效,专利实施与许可等做出了具体的规定。这些规定,对所有参加竞争的人都是公平的,也是必须遵守的,这就为技术创新营造了一个公平竞争的法律环境。技术创新主体为了获得收益,在这些等同的规则下展开公平竞争。此外,知识产权通过法律的形式,对专利权实施保护,规定了对各种侵权行为的制裁措施,有效地惩罚侵犯知识产权的行为,提高了侵权人的侵权成本,极大地保护了创新主体获取合法的高额垄断利润的权利,起到了鼓励企业技术创新的作用。

2.4   药品注册管理和药品专利保护的关系

不管是药品注册管理制度还是药品专利制度,一定程度上都可以起到激励制药企业技术创新的作用。但由于两种措施的实施单位和流程效力不同,这两者之间存在一定的联系和区别。

2.4.1   药品注册管理与药品专利保护的区别

首先,二者的目的及作用不同。对药品进行注册审批这种行政方面的法律规制,是为了保障生产、上市、销售的药品的用药安全,药品管理制度主要保障药品的安全性、有效性、质量可靠性等。而药品专利保护则是为了激励新药研发,给予新药研发人一定期限的垄断权,使得研发人获得成本回报以及较为丰厚的利润,提高医药企业开发新药的积极性。

其次,客体不同。药品注册管理制度的客体是未曾在中国上市销售的药品,即新药。如前所说,新药的概念较为宽泛,包含专利药和非专利药。而药品专利保护制度的客体是药品领域的发明创造,包含产品发明和方法发明,是技术层面的内容。其基本要求是满足"三性"要求,即新颖性、创造性、实用性。药品专利只要能够实现产业化应用,不需要对其毒理性和安全性进行论证,而这正是药品注册管理重点关注的内容。

最后,主管机构不同。药品注册管理的主管机构是国家食品药品监督管理总局;而药品专利保护制度的主管机构是国家知识产权局专利局,其审查分为形式审查和实质审查,均由专利局的专利审查员完成。

概言之,药品注册管理关注的是药品这一成形商品的安全性、有效性、质量保障等;而药品专利保护制度关注的是药品背后的技术层面的内容,关注技术方案的创新,包含技术权利的获得和权利的行使等。

2.4.2   药品注册管理与药品专利保护的交叉影响

随着药品专利制度的实施,药品知识产权保护的需求在逐步加大。如上所述,药品注册管理与专利审查是两种不同的制度,两者存在较大的差别。由于药品的特殊属性,其必然涉及国家的注册管理;从技术层面而言,药品又与专利技术密切相关。因此,药品的管理就集中了注册管理与专利管理等多方面的内容,注册管理与专利管理在不同的阶段彼此交织、相互影响。就我国而言,目前药品注册管理与药品专利保护主要有以下三方面的交叉影响。

(1)药品注册审批中的专利纠纷。如果药品监督管理部门审批的药品涉及他人的专利,则审批行为必然影响到药品专利权人的利益。如何处理药品专利保护与药品注册审批之间的关系已经成为亟待解决的问题。如果不能正确处理这一问题,将会导致专利权人与药品申请单位之间产生纠纷,为药品监督管理部门的评审工作带来麻烦,致使药品监督管理部门成为矛盾的中心。在药品注册过程中,这样的纠纷会影响药品注册活动和药品的专利保护状况。导致上述纠纷出现的问题主要有如下两种情形:一是药品监督管理部门在注册审批相关药品之后,专利管理部门授予他人药品专利权的(即审批在先、专利授权在后);二是药品监督管理部门在注册审批相关药品之前,专利管理部门授予他人药品专利权的(即专利授权在先、审批在后)。

就第一种情形而言,由于法律界限较为清晰,故争议并不大。在专利申请尚未授权之前,药品监督管理部门依据《药品管理法》对药品的安全性、有效性进行评价并发放批准文号并无不当;相关当事人在药品监管部门已经批准他人生产之后而产生的专利纠纷,应当适用专利法及相关司法解释的规定予以解决。

目前对第二种情形存在较大的争议。在这种情形下,由于申请注册的药品所涉及的技术是否纳入了在先专利权人的权利保护范围尚未明确,如果药品监督管理部门批准申请人生产该药品,获得批准文件的申请人生产该药品就有可能侵犯他人的药品专利权。虽然根据现有法律制度,将可能发生的专利纠纷风险归为当事人承担,出现的专利纠纷按照专利法的有关规定予以处理,但是这一专利纠纷的解决过程一般是复杂冗长的,药品监督管理部门在此种情形下如何作为,并没有明确的规定。因此,在这一情形下,我们需要讨论的问题是:首先,药品监督管理部门是否必须依据专利纠纷的处理结果作出审批决定,并发放准许生产的批准文件? 其次,如果专利纠纷久拖不决,药品监督管理部门又应当如何应对? 最后,药品监督管理部门的注册审批活动是否要考虑药品涉及的专利权利,药监部门如何获得药品涉及的专利情况? 由此可见,药品注册审批中的专利纠纷的解决途径和方案亟待制定和完善。

(2)药品专利权保护期限与上市行政许可期限的交叉。药品专利权保护期限和上市行政许可也可能存在冲突。主要表现在,由于药品的特殊性,其行政审批的过程期限可能很漫长,这就导致药品的行政审批和专利授权不能同步进行,企业往往在获得专利权多年之后才获得上市销售行政许可,药品获得的实际专利保护期限大大缩水,客观上缩短了专利权保护期限。因此,药品专利权人并没有充分享有专利权赋予的垄断利益(即 20 年专利保护期限)。

(3)药品专利保护期限与仿制药上市行政审批。如同知识产权制度成立以来一样,药品专利制度从其产生以来,也一直存在着一些争议。保护力度是强还是弱,是发展中国家极为关注的问题。考虑到发展中国家的国情,如果采取强保护,将不利于广大发展中国家获得廉价药。因为我们不能否认这一事实:药品的专利保护一定程度上将影响公共健康。这主要表现在以下两个方面:首先,药品也是一种商品,生产商在选择研发的药品种类时,会在很大程度上考虑经济利益,倾向于投向能获得最大利润的药品,因而可能忽略贫弱国家特有的需求;其次,药品专利权人花费巨额资金研发药品,为快速收回成本并获得利益,必然倾向于将药品价格维持在较高的水平,因而可能影响一些疾病的快速治疗。药品作为一种特殊的关系到社会公众生命健康安全的商品,如果一味强调保护药品专利,则可能损害社会公共利益,某种程度上忽略社会公众健康安全,因而应当注意防范权力的滥用。人的生存、健康权利应当优于财产权利,这是国际社会普遍公认的人类基本价值观。因此,基于药品的特殊性,在保障药品专利权人垄断利益的同时,不能忽视保障药品的可及性。

3 基于新药规制和药品专利的
制药产业技术创新现状评价

要研究制药产业的技术创新,必须首先了解制药产业技术创新的特征和作用,以及制药产业技术创新的现状。本章在分析制药产业技术创新特征的基础上,利用产业数据,从国内外角度、横向纵向维度分析了中国制药产业的技术创新投入(研发经费和研发人员)和产出(专利和新药)的现状以及存在的问题。

3.1 中国制药产业及其技术创新特征

3.1.1 制药产业特征

(1)持续的朝阳产业。吴春福(2007)认为,制药产业是持续的朝阳产业,这意味着制药产业不但不会衰败,而且会持续快速发展①。因为世界上只要有人类存在,人就会生病,就会需要用药物进行治疗。随着社会的发展进步,除了治疗、预防用药外,人们对保健药品和抗衰老、减肥、美容的药品的需求也将与日俱增。世界经济的发展,发展中国家工业化进程的加快、收入的增加、生活水平的提高,使得人们对健康更加关注,用药数量和用药水平都在不断提高。例如,美国等发达国家人均年药品消费约 300 美元,中等发达国家人均药品消费为 40—50 美元,中国不足 10 美元。此外,世界人口的增长、人口老龄化步伐的加快、城镇化水平的提高、农村经济的发展、科学技术的进步、经济全球化、药品市场的扩展都将有力地促进医药经济的快速持续发展。

(2)高科技产业。制药产业是经济合作与发展组织(OECD)于 1994 年根据研发活动强度界定的四个制造业的高技术产业之一②,是具有明显的技术、知识

① 本部分主要参考吴春福.药学概论(第二版)[M].北京:中国医药科技出版社,2007:159.
② 四大高科技制造业分别是:航空航天、计算机及办公设备、医药和电子及通信设备。

密集效应的产业。制药产业融合了各个学科的先进技术手段,其研究与生产需要综合许多学科最新理论成果和手段。例如,分子生物学的快速发展催生了基因重组技术、杂交技术、细胞融合等技术在医药研究与生产中的应用;新受体技术、黏附因子、糖生物学和新细胞因子研究对有关免疫系统的探索改变了对自身免疫性疾病的治疗;组合化学技术的出现带来了新药开发的革命,使新药研究出现了一个崭新的局面;功能基因组学、药物基因组学、比较基因组学、蛋白质组学和生物信息学已成为 21 世纪药物研制的基础等。

　　制药产业更是一个资金密集型的行业。每个药品从早期的研究、生产到最终成功上市销售,每一个环节都需要投入巨额的资金;尤其在其研发环节的投入更是惊人,近年来更呈现出不断上升的趋势。据国外学者(J. A. DiMasi 等人)的研究,1975 年,研制一个创新药物的成本为 1. 38 亿美元;而到了 1987 年,一个创新药物的研发成本已经上升到了 3. 18 亿美元;进入 21 世纪以后,创新药物的研发成本更攀新高,2001 年达到了 8. 02 亿美元。

　　根据美国药品研究与制造商协会在 2006 年年报中公布的数据,2005 年,协会成员企业投入的研发资金高达 394. 3 亿美元。从研发强度(即研发投入费用占药品销售额的比重)来看,在 20 世纪 70 年代,其研发强度已经达到了 9% ,之后不断上升,近年来一直维持在 15% 以上(详见图 3 - 1)。

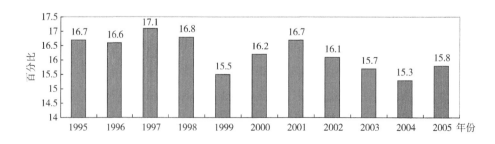

图 3 - 1　美国药品研究与制造商协会成员企业 1995—2005 年研发强度

　　(3)政府管制严格①。药品是一种特殊的商品,它的生产经营与消费存在严重的信息不对称现象。绝大多数消费者由于对药品知识的缺乏,通常是一种被动式消费。而且,由于药品的消费直接关系到人民身体健康、社会安定和环境保护等重大问题,因此从国际惯例来看,绝大多数国家都对药品的研发、生

---

① 本部分主要参考李全林. 新医药开发与研究(上)[M]. 北京:中国医药科技出版社,2008.

产、流通、使用等各环节实行严格的政府管制。下面仅以准入管制、广告管制与价格管制等来加以说明。

针对制药产业与药品的特殊性,绝大多数国家都制定了严格的行业准入和产品审批制度。在行业的进入方面,绝大多数国家都要求企业取得相应的药品生产、经营许可执照,并需要通过相关的质量认证。例如,中国规定开办医药企业除了要符合《公司法》中规定的注册资本、发起人数量等创办公司的通用要求外,还必须满足《中华人民共和国药品管理法》中的有关准入标准,企业应当获得经过药品监督管理部门批准并颁发的药品生产许可证或药品经营许可证,凭药品生产许可证或药品经营许可证到工商行政管理部门办理登记注册,没有取得药品生产许可证或药品经营许可证的不得生产或销售药品。同时,新药申报必须经过严格的审批方可上市销售。

对药品的市场销售活动的政府监管较多地集中在药品的广告与其价格方面。有些国家制定了具体而严格的法律法规来制裁各类违法医药广告。例如,意大利的法律规定,处方药不得在大众媒体做广告,药品广告在发布前必须通过健康部门的审查;英国《医药条例》规定,在为药品做广告时,所涉及的每个产品都必须与医药委员会颁布的许可证相符合,而且有许多医药品禁止刊登广告,包括治疗百日咳、鱼鳞癣、减肥的成药广告以及有关癌症治疗药品的任何广告;日本的《药物法》规定,对做夸大或虚假广告的人,处3年以下劳役或50万日元的罚款。其他如美国的《食品药品化妆品法案》、加拿大的《药物消费广告准则》、澳大利亚的《药品广告准则》中都有专门的对药品广告的严格规定。中国政府对药品的广告也有着严格的规定,结合《药品管理法》《广告法》《药品广告管理办法》《药品广告审查标准》的要求,对药品广告进行三级管理,对允许做广告的药品以及药品广告的渠道都做了明确规定,同时还对药品广告中不允许使用的用语做了相关规定,如广告用词不得含有"最新技术""最高科学"等。

在药品的价格监管方面,各国的规定虽然不同,但归根结底都通过对药品价格的控制和管理来促进制药产业的良性发展,同时保障社会公共利益。例如,美国除了治疗艾滋病等疾病的药物外,政府通常不制定和采取直接控制价格的措施,而是在自由定价的基础上,主要由保险公司和其他社会团体采取间接措施对药品价格的上涨起到抑制作用。通过医疗保险公司与药品生产企业或批发企业谈判或集中采购确定药品价格。对于政府医疗保险项目,美国采取了强制性折扣、限价政策等来综合控制药品价格。加拿大设立了药品价格审查委员会直接制定或指导制定药品价格,将专利处方药、非专利处方药、非处方药分别由联邦政府、地方政府、地方政府定价;英国虽然不对药品价格施加直接控制,但是英国在药品价格管制法案中规定:国家卫生服务体系(National Health Service,NHS)的销售利润率为 17% 至 21%。英国还设有国家临床规范研究院(National Institute for Clinical Excellence,NICE),采用药物经济学评价,由其将药品的经济学评价结果提供给 NHS,由 NHS 决定是否将该药品列入阴性目录(即不予报销的药品目录)。中国对药品价格的监管则主要根据药品的分类采用政府定价(包括政府定价和政府指导价)、市场定价等形式实现。

3.1.2 制药产业技术创新特征

本书不具体区分制药企业技术创新特征和新药研发特征。新药研发过程中,由于医药企业环境的不确定性、技术的复杂性以及研发人员能力的有限性等一系列原因,新药的研发往往面临着失败的风险。这种风险是客观存在的,不以人们的意志为转移,并贯穿于新药研发的整个周期。除了具有一般研发项目的特征(高投入、高风险、周期长、高回报)之外,由于制药产业的特殊性以及新药研发的固有属性,新药研发还具有以下特征。

(1)知识技术密集,多学科渗透。药物的创新研究需要多学科知识技术的积累和多方面人才、技术与方法的支持。许多国外著名制药公司除了聘用药物化学、药理学等传统学科的专家外,还聘用了一些新兴或边缘学科的专家,并与许多学术团体建立紧密联系。美国麻省理工学院的一项统计分析结果表明,在药学领域,学科相互渗透及科研相互联系的程度直接影响科研成果。因此,制药产业的生存和发展必须以大批从事研究、开发的科技人员为后盾。从这个意义上讲,没有相应的知识、技术积累,新药研究仅是一句空话。

(2)研发投入高。有研究表明,要保持医药企业的创新潜力,企业每年需要至少 1.5 亿—2.0 亿美元的研究投入。当前,一个有知识产权的新药从开发到上市需要花费 5 亿—10 亿美元,美国的很多大型制药公司每年的研发费用都在 10 亿美元以上。例如,2006 年辉瑞公司的研发费用约为 76 亿美元,强生公司约为 72 亿美元,默克公司约为 48 亿美元。2010 年,罗氏公司研发投资 87 亿美元,辉瑞公司 74 亿美元,诺华公司 70.4 亿美元。在中国,根据新药类别的不同,一个新药的耗资也在百万元乃至千万元以上。

(3)研发周期长。新药从研究开发到上市一般都需要经过复杂而漫长的过程。由于对新药要求的不断提高,如严格执行 GLP,GCP,GMP 等规范,新药研究开发难度增加,周期延长。20 世纪 60 年代和 70 年代,国际上新药研究周期通常为 8.1 年和 11.6 年,到了 20 世纪 80 年代延长至 14.2 年,而在 1990 年—1996 年,研究开发一个新药要花费近 15 年的时间。

(4)研发风险大。新药研究开发的风险表现在技术风险、市场风险和政策风险三个方面。首先,药物本身的特性、临床疾病的特点及生产与质量控制技术决定新药研究开发存在着明显的技术风险;其次,世界各国为降低医疗费用而采取"鼓励医生多使用廉价而有效的药物"的政策,使得新药研发存在巨大的市场风险;最后,药品法规的严密性以及药品的竞争特性等因素使得药物的研发越来越成为高风险的投资领域。

(5)潜在效益高。虽然新药研究开发风险很高,但它同时也具有高回报、高利润、高附加值的特点。一般情况下,一种新药品上市后 2 至 3 年就可以收回所有投资成本,尤其是那些拥有新专利产品的企业,开发成功之后会很快形成技术垄断优势,利润回报基本能够高达 10 倍以上。其间只需做少量的更新和改进即可给企业带来丰厚的利润。有资料显示,制药产业年利润额显著高于计算机产业,如目前的生物制药产业正快速由最具发展潜力的高技术产业向高技术支柱产业发展。所以,具备知识产权的新药项目虽然资金投入大、成功率低、风险度高,但由于成功后将会有高额利润回报,在知识产权受到严格保护的国家仍然有不少投资者投入大量资金用于研究和开发新药。

3.1.3　制药产业技术创新的作用

作为一种典型的知识密集型产业,制药产业的核心竞争能力就是其研究与开发新药的能力。制药产业的竞争,归根结底就是产品的竞争,即创新产品的竞争。因此,世界各医药强国都对其研究与开发工作投入较多精力,以期在日益激烈的市场竞争中取得优势。积极开展新医药研究与开发工作的意义主要表现在以下方面。

(1)提升制药产业的科技含量,增强其市场竞争力。为保证制药产业的国际竞争力,当前世界制药业的巨头都投入巨资进行医药研发,因为创新药物一旦研发成功,得到专利保护后就可以获得高额的利润回报。美国制药工业的长期兴旺发达与其重视研发是密不可分的。20 世纪 90 年代,美国制药工业研发经费是欧洲的 70%,但在 1990—2002 年间,美国制药工业研发投资增加了 5 倍多,而同期欧洲仅增加了 2.5 倍。2005 年全球研发投入排名前十位的制药企业中有 5 家是美国本土的制药企业(见表 3-1),2010 年全球研发投入排名前十位的制药企业中,有 6 家美国企业(见表 3-2)。1975—1994 年世界上市的新药中,45%来自美国;1997—2009年上市的新药中,62%来自美国。巨大的研发投入,使得美国制药工业日益强大。

表3-1　2005年全球研发投入前十位制药企业排名　　　单位:亿美元

排名	公司名称	研发投入(亿美元)	增长(%)	占销售收入的比重(%)
1	辉瑞(Pfizer)*	76.0	1.3	15
2	葛兰素史克(Glaxo Smith Kline)	53.5	3	14
3	赛诺菲-安万特(Sanofi-Aventis)*	48.0	-3	14
4	诺华(Novartis)	45.0	7	14
5	罗氏(Roche)*	41.2	0.5	15
6	礼来(Eli Lilly)*	29.5	10	21
7	百时美-施贵宝(Bristol-Myers Squibb)*	26.3	5	14
8	惠氏(Wyeth)	25.0	2	13
9	安进(Amgen)	22.0	9	19
10	先灵葆雅(Schering Plough)	18.5	15	19

注:"*"为美国制药企业。

资料来源:IMS报告。

表3-2　2010年全球研发投入前十位制药企业排名

排名	公司名称	研发投入(亿美元)	增长(%)	占销售收入的比重(%)
1	罗氏(Roche)	87	9.1	19.4
2	辉瑞(Pfizer)*	74	-2.4	15.5
3	诺华(Novartis)	70.4	2.5	16.7
4	强生(Johnson & Johnson)*	66.6	-7.8	11.3
5	赛诺菲-安万特(Sanofi-Aventis)*	62.5	0.2	15.3
6	葛兰素史可(Glaxo Smith Kline)	55.9	9.5	12.8
7	默克(Merck)*	55.8	21.6	12.3
8	武田制药(Takeda armaceuticals)	46.4	64.3	29.5
9	阿斯利康(Astra Zeneca)*	42.3	-12	13.5
10	礼来(Eli Lilly)*	41.3	12	19.8

注:"*"为美国制药企业。

资料来源:2010年Fiercebiotech分析报告。

著名经济学家约瑟夫·熊彼特说过:"社会现实中,首要的竞争并非价格,而是新产品、新技术、新的原料来源以及新型企业组织所引发的竞争……"世界医药史的发展也证明,医药企业要想获得持续发展,就必须走科技创新、研发之路。国际上知名的制药企业大都拥有强大的新药研发能力,其推出的新药为这些跨国企业带来了巨大的经济效益。2006年,全球药品市场销售额达6 430亿美元,前50强药物的总销售额达到1 638亿美元,占全球药品市场的25.5%,排名第一位的立普妥销售额达到了136亿美元(见表3-3)。2010年,全球药品市场规模仍然扩大到8 500亿美元,排名第一位的辉瑞公司的立普妥销售额达到了107.33亿美元(见表3-4)。

表3-3 2006年全球畅销药排名前十位①

单位:亿美元

排名	商品名	制药企业	销售金额
1	Liptor	辉瑞	136
2	Nexium	阿斯利康	67
3	Seretide/Advair	葛兰素史克	63
4	Plavix	百时美-施贵宝	58
5	Norvaser	诺和诺德	50
6	Araesp	安进	50
7	Zyprexa	礼来	47
8	Risperlal	强生	46
9	Enbrel	辉瑞	45
10	Effexor	惠氏	40

表3-4 2010年全球畅销药排名前十位

单位:亿美元

排名	商品名	制药企业	销售金额
1	Liptor	辉瑞	107.33
2	Seretide/Advair	葛兰素史克	80.24
3	Avastin	罗氏	69.33

———————————

① 参见:李全林.新医药开发与研究(上)[M].北京:中国医药科技出版社,2008.

续表

排名	商品名	制药企业	销售金额
4	MabThera/Rituxan	罗氏	68.21
5	Plavix	百时美－施贵宝	66.66
6	Humira	雅培	65.48
7	Diovan	诺华	60.53
8	Herceptin	罗氏	58.26
9	Crestor	阿斯利康	56.91
10	Serpquel	阿斯利康	53.02

资料来源:IMS 报告。

在新医药研究开发方面,中国和发达国家相比有很大的差距,拥有自主知识产权的新药非常少。目前,中国制药产业的科技含量较低,医药科技投入不足,缺少有中国自主知识产权的新产品,现有产品更新慢、重复严重,老产品多、新产品少,低档次与低附加值产品多、高技术含量与高附加值产品少,应用新技术改造传统制药产业的步伐较慢,多数老产品技术经济指标不高,工艺落后,缺乏国际竞争力。要解决上述问题,从技术进步的角度看,在今后的一段时期内,中国的制药产业必须加大研究与开发的投入,通过新医药研究与开发工作研制出自己的专利新药,提升整个行业的科技水平,增强中国制药企业在国际医药市场中的竞争能力。

(2)增加治疗疾病的新方法与手段,提高人民生活质量。药品的最终功效是预防、诊断、治疗人类疾病,因而制药产业的新药研究与开发的根本目的是增加预防、诊断、治疗疾病的新方法与手段。从早期的抗生素,到诸如心脏病、癌症、精神疾病等的治疗,制药产业的研究与开发工作无可争议地在疾病控制和健康改善方面发挥着积极的作用。新药研究与开发根据疾病发病机制,运用生物学、有机化学、物理学、信息学的新技术(如计算机辅助药物分子设计学、组合化学等),设计合成具有治疗活性的新化合物,同时研究其结构活性关系,对具有生物活性的天然产物开展全合成或结构修饰,最终获得具有治疗价值的新药,以达到预防、诊断、治疗疾病的目的。例如,20 世纪 30 年代之前,结核病一直被认为是不治之症,人类对它束手无策。直到 1944 年以后,由于链霉素等抗结核病药物的相继发现,结核病的治疗才发生了划时代的变化,疗效明显提高。但当时由于货源、经济等方面的原因,大部分肺结核的患者仍然得不到治疗,因此肺结核的阴影仍笼罩在人们心头,直至1950年异烟肼被发现,结核病的治疗才发生了根本性的变化,结核病的疗效提高到90%以上,从而彻底地改变了结核病是不治之症的局面。而后,以利福平为代表的新一代药物的发现使得结核病的治疗更臻完善,可见药物的研究与开发直接改变了结核病这一危害人类健康数千年之久疾病的治疗。在其他疾病领域,这样的例子数不胜数。

(3)有利于提高制药产业对国民经济的贡献。制药产业作为国民经济中的重要组成部分之一,制药产业的发展与整个国民经济存在着正相关的关系,即制药产业的发展能促进国民经济的发展。首先,国民经济的发展、人民生活水平的提高、可支配收入的增加、人民对健康医疗需求的增加等,会带动其对药品需求的增加,从而促进制药产业的快速发展。而制药产业自身的大力发展,又会促进国民经济的快速增长。这样就形成了一个良性循环,两者相互促进、相互发展。其次,制药产业可以通过产业关联效应促进国民经济其他部门的发展。在产品关联、服务关联、技术关联这三种关联方式中,产品关联和服务关联是最基本的关联,技术关联是其中最活跃、最积极的因素,它使药品及相关产品结构、生产方式、技术含量、产业规模、就业规模及其质量发生变化。技术进步推动产业市场的扩大、产业经济质量的提高、产业竞争力的加强,最终促进整个国民经济的发展。

发达国家的制药产业为国民经济做出了巨大的贡献。2001年美国医药工业总产值占美国国内生产总值(GDP)总量的9.1%,已经成为仅次于软件、网络产业的第三大高科技产业。目前中国制药产业的自身科技含量不高,低水平重复较多,使得高端市场多为外资所占领。新医药研究与开发将提高企业的核心竞争力,从而提高整个行业的科技水平,提高制药产业的总体效益,提高制药产业对国民经济的贡献。

3.2 中国制药产业技术创新的现状分析

3.2.1 制药产业发展现状及前景预测

(1)制药产业发展迅速、市场需求量大。过去十年,中国制药产业大致经历了2004—2010年依靠政策红利的高速增长期,以及2011—2013年政策变局加剧行业分化的多空交织期。从2014年开始,随着医改进入深水区,行业政策出现了不同以往的变化。上市公司分化加剧,新业务、新模式不断涌现,产业并购风起云涌,制药产业正式进入挑战与机遇并存的新时期。

2014 年,全国医疗卫生服务总费用约为 2.20 万亿元,全国健康保险收入为1 587 亿元。国家卫计委的数据显示,从 2010 年底到 2014 年,全国私营医院总数量已经从 7 000 多个发展到 1.2 万余个。据中国医药工业信息中心测算,2014 年私立医院医疗服务总收入已经达到 1 583 亿元。

2015 年 1—3 月,我国规模以上医药工业增加值同比增长 11.1%,增速较上年同期下降 1.7 个百分点;医药规模以上企业主营业务收入为 5 819.37 亿元,同比增长 9.63%,较上年同期下降 4.18 个百分点。但由于人口老龄化、疾病负担能力增强、健康意识提高等多个利好因素,未来中国医药市场仍将维持两位数的增长幅度,2019 年中国医药市场规模有望超过 2.2 万亿元。

2014 年全年制药产业实现营业收入 6 846.36 亿元,同比增长 13.57%;实现营业利润 633.86 亿元,同比增长 17.71%,行业处在低速增长区间,但利润增速继续高于营收增速,表明行业盈利能力得到提升。2015 年一季度制药产业实现营业收入 1 836.74 亿元,同比增长 12.87%;实现利润总额 183.40 亿元,同比增长 20.7%。环比来看,2015 年一季度与 2014 年四季度相比,季度营业收入增幅继续回落,但营业利润的增幅大幅上升,表明行业的盈利能力持续改善。

2014 年全年销售毛利率为 29.81%,为三年来最高,同比提升 0.07 个百分点,销售净利率为 8.18%,同比提升 0.13 个百分点。2015 年一季度销售毛利率为 29.42%,销售净利率为 8.66%,均为 2012 年以来的最高水平。2014 年全年销售费用率、管理费用率和财务费用率分别为 12.98%、6.73% 和 0.92%,销售费用率降低 0.3 个百分点,财务费用率提升 0.11 个百分点,管理费用率基本持平。2015 年一季度销售费用率同比继续下降至 12.14%,管理费用率和财务费用率分别为 6.46% 和 0.97%。

(2)制药产业发展前景预测。为了配合不断深化的医改,2014 年以来,国务院、卫计委和发改委等多部门密集颁布了各项医药行业法规。其中,比较重要的政策有放开药品价格管制、放开处方药的互联网销售、促进医疗保险的发展和推进医疗市场化的改革等。这些政策产生了两方面的深远影响:一方面,放开药品价格和处方药网售等政策,短期内将对医药生产企业和医疗机构造成阵痛,但是长期来看开辟了细分行业新的发展方向和新的盈利模式,对行业长期稳定发展有着更为重要的意义;另一方面,推进医疗保险和医疗市场化的改革等政策既为医药行业带来了新的投资机会,又会不断提升终端患者的医疗服务质量。总之,行业政策的明晰和健全对医药行业未来发展尤为重要,它是医药行业长期发展的指路灯。

除此之外,已有一大批新政在2016年出台并施行,例如中药委托加工被叫停,药品"身份证"电子监管码得以落实,新版GMP认证得以实施。随着新政的到来,医药行业将面临更加严格的监管环境。

2015年12月,国家食药监总局发布了《关于落实中药提取和提取物监督管理有关规定的公告》,要求自2016年1月1日起,凡不具备中药前处理和提取能力的中成药生产企业,停止相应中药品种的生产,逾期不停产将依据《药品管理法》严肃查处;同时,生产使用中药提取物必须备案。

按照国家食药监总局的相关规定,2015年12月31日前,境内药品制剂生产企业、进口药品制药厂商必须全部纳入中国药品电子监管网(以下简称"入网"),按照原国家食药监总局《关于印发药品电子监管工作指导意见的通知》要求,完成生产线改造,在药品各级销售包装上加印贴统一标识的中国药品电子监管码(以下称赋码),并进行数据采集上传,通过中国药品电子监管平台审核注册、审核注销。2016年1月1日后生产的药品制剂应做到全部赋码,没有赋码的药品将不得上市流通。

根据《药品生产质量管理规范(2010年修订)》有关规定,未通过《药品生产质量管理规范》认证的无菌药品生产企业已于2014年1月1日起停产,而未通过认证的其他类别药品生产企业,也将于2016年1月1日起全部停止生产。同时,从2016年1月1日起,各省、自治区、直辖市食药监局负责药品生产企业的药品GMP认证工作,国家食药监总局将不再受理药品GMP认证申请。对于已经受理的认证申请,将继续组织完成现场检查、审核发证。

中国制药产业发展趋势主要体现在两个方面。一方面,行业将保持较快发展,内部分化也将加速;另一方面,未来制药产业的发展将充满变革和创新。

依据各子行业在产业链的地位和阶段不同,本书简单地将制药产业划分为药品市场、器械市场、商业市场和医疗服务市场。在2010年至2014年间,这四个子行业市场均得到较快发展,复合增长率也基本保持在16%以上。而且医药各子行业2015年至2019年仍将保持着快速的增长。但是,随着医改的不断深入推进,各个子行业将在未来几年内较快实现分化。未来医疗器械和医疗服务市场的增速将远快于药品市场和商业市场增速。这是由两方面的原因决定的。一方面,医疗服务和器械行业是未来创新和变革的主阵地,不断有大量新的模式和产品涌现,市场增长不可小觑;另一方面,商业市场和药品市场基数较大,内部部分细分行业增速较快(比如商业中的医药电商细分行业)并不足以对整体市场增速形成较大影响。

通过对各细分行业和终端的详细调研和分析,未来制药产业的变革和创新主要表现在如下四个方面。其一,充满机遇和挑战的跨界转型变革。跨界转型变革既包括制药产业内的跨界,也包括从其他传统行业的跳跃式跨界。一般说来,跨界转型是公司的二次创业,具备较高的试错成本。因此,如何挑选跨界转型成功的优质企业将是本书关注的重点。其二,数字化医疗带来的器械和服务创新。数字化医疗和新的服务模式方便了患者和医护人员的沟通交流,极大地实现了人机交互和大数据分析价值。数字化医疗的成功将颠覆传统医疗环境,也使得市场规模实现几何级增长。与此同时,这也将快速提升对终端患者的服务效率和质量。其三,将改变未来企业生态环境及医疗体制变革。医药体制的变革主要表现在国企改革、资产整合以及优化资源配置等方面。医疗体制的变革主要表现在公立医院等医疗机构的改革方面。医药和医疗体制的变革直接关系着制药产业链各子行业企业的运营和发展模式。这既给予依赖于旧体制生存的企业以沉重打击,又给予新型企业以发展机遇。其四,精准医疗时代下的技术创新。精准治疗是一个建立在了解个体基因、环境和生活方式的新型疾病治疗和预防方法。简言之,精准治疗就是将治疗主体个体化。在这个基础上的技术创新门类繁多,既包括临床检验方面的创新发展,如基因检测等,又包括临床用药技术方面的创新发展,如细胞治疗等。

另外,十八届三中全会提出了新一轮国企改革思路,掀起了本轮国企改革的大潮。2015年5月,国务院办公厅批转发改委《关于2015年深化经济体制改革重点工作意见的通知》,更是将国企改革作为2015年深化经济体制改革的重点工作,明确强调"出台深化国有企业改革指导意见",要求制定"改革国有资产管理体制、国企混合所有制等系列配套文件"。随着国资改革顶层方案的制定,国企改革将由地方试点阶段进入到自上而下的全局推动阶段,国企改革有望成为今后数年生物制药产业持续的投资主题。具体说来,会出现以下几种现象或趋势。

第一,资产运作整合。截至2015年6月,已有18个省市提出通过加快国企上市来推动资产证券化。其中,北京、甘肃、湖北提出2020年资本证券化率达到50%以上,江西提出5年时间省属国有资产证券化率提高到60%。通过上市实现资产证券化,意味着借助上市公司平台进行国有资产重组,这将成为国企改革的主题之一。资产证券化既有利于提升效率、盘活存量资产、推动经济转型,也可以快速引入非国有资本、推进股权混合所有制。预计未来国有资产证券化有望通过资产注入、整体上市、借壳上市三种方式实现。通过上述资本运作,能够解决部分国有企业长期遗留的同业竞争加速内部整合,充分发挥上市公司的整合平台作用。

第二,混合所有制改革。早在 2014 年 7 月 15 日,国务院国资委发布央企"四项改革"试点名单,中国医药等六家央企入选。按照本次改革分类试点的原则,中国建材、中国医药两家企业将作为中央企业发展混合所有制经济和行使高级管理人员选聘、业绩考核和薪酬管理职权的试点。混合所有制既解决了国有企业和市场怎么接轨的问题,又解决了国有企业和民营企业如何共同发展的问题。在医药行业的竞争力较差的国企中,未来有望通过混合所有制改革引入外来资本、技术、管理,国企的实力加上民企的活力有助于提升企业的竞争力,实现双方的互利共赢。

第三,公司治理结构改善。长期以来,由于缺乏清晰的产权关系,国有企业经营管理者动力不足,缺乏情感认同和责任担当,经营决策随意性过大。通过引入现代企业管理制度,改善公司治理结构,有望解决过往国企经营和改革中一直存在的代理人缺位和监督缺位的弊端。通过员工持股、股权激励、变革考核方式等手段,将管理层的利益同公司利益进行捆绑,提升企业效率。

3.2.2　制药产业技术创新投入情况

研发强度是衡量产业创新状况、企业创新行为的重要指标,即研发支出占销售额(工业总产值、工业增加值)的比重,它反映了企业对于技术创新的积极程度。在《中国高技术产业数据》中衡量企业研发强度的指标有两个,即研发投入占工业增加值的比重和研发投入占工业总产值的比重。

表 3 - 5 显示,与高技术产业平均值相比,中国制药产业中大中型企业的研发强度略高,但仍然远远低于 5%;制药产业研发强度呈现出小幅下降趋势,而高技术产业及其他子产业的研发强度则呈现出上升趋势。

从表 3 - 6 中可以看出,从产业层面分析,制药产业的研发强度低于高技术产业平均水平,但是,制药产业研发强度增长速度较快。高技术产业与制药产业的研发强度均呈上升趋势,且趋势明显。制药产业总产值从 2000 年的 1 781 亿元增加到 2011 年的 14 942 亿元,增加了 7.4 倍;而其研发投入从 2000 年的 13 亿元增加到 2011 年的 211 亿元,增加了 15.2 倍。因此可见,制药产业研发强度增势强劲。

表 3 – 5　2007—2011 年中国高技术产业研发经费占工业总产值的比重

单位:%

产业 年份	高技术 产业	飞机和航天 器制造业	医药制 造业	办公、会计 和计算机 制造业	广播、电视及通 信设备制造业	医疗、精密仪器和光 学器具制造业
2007	1.29	4.36	1.70	0.57	1.50	1.78
2008	1.40	4.60	1.70	0.50	1.70	2.30
2009	1.48	4.90	1.42	0.64	1.73	1.94
2011	1.63	7.82	1.41	0.75	1.81	1.91

资料来源:《中国高技术产业数据(2008—2012 年)》。

表 3 – 6　2000—2011 年中国制药产业与高技术产业研发投入与研发强度

单位:亿元

年份	高技术产业			制药产业		
	研发投入	工业总产值	研发强度(%)	研发投入	工业总产值	研发强度(%)
2000	111	10 411	1.07	13	1 781	0.76
2001	157	12 263	1.28	19	2 041	0.94
2002	187	15 099	1.24	22	2 378	0.91
2003	222	20 556	1.08	28	2 890	0.96
2004	292	27 769	1.05	28	3 241	0.87
2005	362	34 367	1.05	40	4 250	0.94
2006	456	41 996	1.09	53	5 019	1.05
2007	545	50 461	1.08	66	6 362	1.04
2008	655	57 087	1.15	79	7 875	1.00
2009	892	60 430	1.48	135	9 443	1.42
2010	968	74 709	1.30	123	11 741	1.04
2011	1 441	88 434	1.63	211	14 942	1.41

注:①研发投入为研发费用内部支出;②研发强度为研发费用占工业总产值的比重;③以上数据为产业层面数据。

资料来源:《中国高技术产业数据(2008—2012 年)》。

表3-7显示,中国制药产业在2011年的研发强度只有1.41%,稍低于高技术产业研发强度的平均值,更低于其他主要高技术产业。国际上处于第一集团的制药发达国家包括美、英、日等国,其研发强度普遍高于15%,第二集团国家如意大利、韩国等国家与中国相比,虽然同样以仿制药品为主,但其研发强度均高于中国研发投入,差距既反映出中国制药产业以仿制为主的技术特征,也暴露出中国制药产业的一个致命缺陷,即严重缺乏具有自主知识产权的创新型新药。因此,中国制药产业在国际市场竞争中根本难以占据一席之地。从美、英、日、法等国家制药产业的发展经验来看,在这些国家制药产业发展壮大的过程中,制药产业的研发强度普遍远远高于其工业平均研发强度。例如,日本的制药产业在从仿制药品转变为创制药品的过程中,其研发强度高出其工业平均研发强度3倍以上(王玉梅,2007)。

表3-7 部分国家高技术产业研发经费占工业总产值的比重

单位:%

产业 \ 国别及年度	中国	美国	日本	英国	意大利	韩国	瑞典	挪威
	2011	2007	2008	2006	2007	2006	2007	2007
高技术产业	1.63	16.89	10.5	11.1	3.82	5.86	13.18	5.67
医药制造业	1.41	26.57	16.4	24.92	1.79	2.51	13.44	5.48
航空航天器制造业	7.82	9.90	2.90	10.70	13.43	9.02	12.91	1.09
电子计算机及办公设备制造业	0.75	10.69	7.61	0.38	1.23	3.93	13.92	0.85
电子及通信设备制造业	1.81	15.72	8.90	7.56	4.48	6.65	14.73	7.51
医疗设备及仪器仪表制造业	1.91	18.34	16.98	3.63	2.60	2.16	8.99	5.91

注:按大中型工业企业计算。

资料来源:《2012年中国高技术产业统计年鉴》。

依据西方制药产业技术创新的普遍经验,生产出一种新药的平均耗时为10年左右,平均耗资为5亿到10亿美元。然而在中国,一种新药的研发成本远低于这些发达国家,一般来说只需要2亿到5亿元人民币。

从美国会计总署的一份报告来看,在1993—2010年期间,美国制药企业的新药研发强度(研发投入占销售额的比重)基本处于15%左右。与之相比,2011年中国制药企业的研发强度平均只有1.45%,除了极个别制药企业的研发强度超过5%外,绝大部分制药企业的研发强度处于很低的水平。2011年中国整个制药产业研发投入总额仅约为 7 亿美元,而 2010 年全球研发投资前十名企业中,仅罗氏制药一家企业就投资 87 亿美元,是中国整个制药产业投资的 12.4 倍;排名第十位的礼来(Eli Lilly)的研发投资为 41.3 亿美元,是中国整个制药产业投资的 5.9 倍。新药研发投入少、研发强度低,直接导致中国制药产业的技术创新能力及制剂水平低下,真正意义上的创新药品几乎没有。中国制药产业如果继续以现有的研发投入强度去进行新药的技术创新,将很难生产出具有重大技术创新并且被市场所采纳和认可的新药品。

3.2.3 制药产业技术创新产出情况

(1)新药产出。虽然中国制药产业的研发强度与其他国家相比偏低,但历年的新药注册审批结果显示中国的新药数量却非常之多,由此可见,中国新药技术创新的产出是十分可观的。根据我国的"新药"批准量,1998 年我国"新药"批准为 2 208 例,2003 年和 2004 年两年所批准的"新药"量分别达到了 5 573例和 4 357 例。2007 年,由于新版《药品注册管理办法》的出台,对于新药的界定及评判标准高于原来对新药的定义,因此,2007 年之后生产批准量大幅下降,新药占总批准生产总量的比重也随之降低。2010 年,药品审批达到历史最低点后,2011 年大幅反弹,这也表明中国的技术创新水平得到进一步提高(见表3 – 8、图3 – 2)。

表3 – 8　2006—2011 年中国药品注册情况

单位:个

年份	新药批准临床	新药批准生产	仿制药批准生产	新药比重(%)
2006	1 426	1 803	5 958	23
2007	785	176	776	18
2008	581	270	1 826	13
2009	298	196	1 826	10
2010	243	85	657	11
2011	621	149	436	25

注:新药比重 = 批准生产的新药量/批准生产的新药和仿制药之和。

资料来源:《国家食品药品监督管理总局年度工作报告》(2006—2010 年),《2011 年药品注册审批年度报告》。

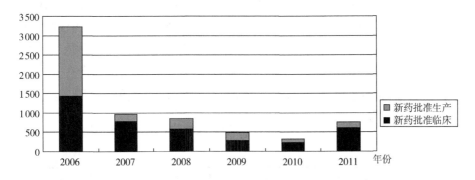

图 3 - 2　2006—2011 年新药审批情况

　　从药品的创新产出即专利来看,中国制药产业仍然没有研发出具有世界影响力的重量级的原创性新药。中国所批准的一类化学新药(指未在国内上市销售的药品)中,具有严格意义的自主知识产权的分子实体药物(NME)仍颇为罕见。与美国相比,其制药产业中 32% 的新药均属原创研发药品,而另外的 2/3 则是现有药品的一些衍生药品。美国在 1998 年到 2006 年之间累计批准的分子实体药物共计 2 万个,而在 2007 年其批准上市的 NME 为 13 个、新生物药品 6 个,新药数量仅为 19 个。从世界范围内首次上市的新药看,每年上市的新药比较稳定,但是在中国上市的新药十分少见(见表 3 - 9)。

表 3 - 9　2004—2010 年世界首次上市新药情况

单位:个

年份	总体新药数	中国新药
2004	24	2
2005	30	1
2006	35	0
2007	24	0
2008	31	0
2009	25	0
2010	24	0

资料来源:《中国药学统计年鉴(2005—2011 年)》。

　　(2)新产品销售收入。企业研发的最终目的是获得收益,因此,考察企业技术创新产出的最直接指标是企业新产品的销售收入。由表 3 - 10 可得,从新产品产值占总产值的比重来看,中国制药产业的技术创新水平远远低于高技术产业的平均水平,但是,这种差距随制药产业技术创新投入的增加在逐步缩小。新产品产值份额从 2000 年的 11% 上升到 2011 年的 17% ,因此,中国制药产业的科技创新水平在不断提高。虽然从国内的制药产业来看,医药产业的技术创新与一般制造业的差距并不明显,但是从国际市场来看,差距非常明显。

表 3 - 10　2000—2011 年制药产业与高技术产业新产品产值

单位:亿元

	高技术产业			制药产业			制药产业/高技术产业	
	新产品产值	工业总产值	新产品比重(%)	新产品产值	工业总产值	新产品比重(%)	新产品产值(%)	工业总产值(%)
2000	2 667	10 411	0.26	203	1 781	0.11	0.08	0.17
2001	2 957	12 263	0.24	220	2 041	0.11	0.07	0.17
2002	3 514	15 099	0.23	258	2 378	0.11	0.07	0.16
2003	4 692	20 556	0.23	331	2 890	0.11	0.07	0.14
2004	6 093	27 769	0.22	419	3 241	0.13	0.07	0.12
2005	7 035	34 367	0.20	512	4 250	0.12	0.07	0.12
2006	8 493	41 996	0.20	605	5 019	0.12	0.07	0.12
2007	10 671	50 461	0.21	789	6 362	0.12	0.07	0.13
2008	13 018	57 087	0.23	1 020	7 875	0.13	0.08	0.14
2009	13 697	60 430	0.23	1 723	9 443	0.18	0.13	0.16
2010	16 503	74 709	0.22	1 772	11 741	0.15	0.11	0.16
2011	21 458	88 434	0.24	2 492	14 942	0.17	0.12	0.17

资料来源:《高技术产业统计年鉴(2008—2012 年)》。

在新药市场上,拜耳、辉瑞、葛兰素史克等全球性的制药大鳄几乎垄断了化学新药的专利权与生产经营权。2010 年全球最畅销的药品立普妥,其 2010 年一年的销售收入就为 107.33 亿美元,而中国迄今为止的单个药品(复方丹参滴丸)销售收入的最高纪录却只有 10 亿多元人民币。

(3)专利产出。在国外,制药企业主要依靠获取专利药品带来的高额回报来维持企业的高额利润。与我国近乎"放水"的新药审批相比,专利可能是更准确地反映中国制药产业创新能力的指标。本书分别从纵向与横向两个维度分析中国制药产业的专利产出情况。

从图 3 - 3 可以看出,中国制药产业专利申请量和拥有专利量的变化趋势与高技术产业的总体趋势相一致,且增长速度较快。2000 年,中国制药产业专利申请量为 547 件,拥有发明专利量为 414 件;2010 年,其专利申请量为 5 767件,拥有发明专利量为 5 672 件,相比 2000 年,十年期间专利申请量和拥有发明专利量分别增长了 9.5 倍和 12.7 倍。2011 年是制药产业专利增长最快的一年,相比 2010 年,专利申请量和拥有发明专利量分别增长 92.7% 和 85.2%。这一趋势和国家食品药品监管管理局新药审批的趋势相一致,这也反映出国家新药规制对于制药产业技术创新的影响不可忽视。

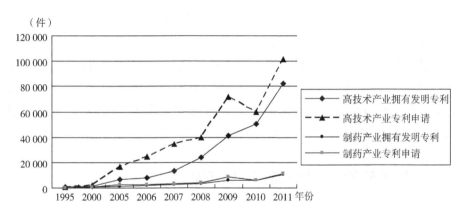

图 3 - 3 1995—2011 年高技术产业及制药产业专利情况①

对于横向比较制药产业专利产出情况,本书采用制药产业专利量占全部高技术产业专利量的比重来分析制药产业专利产出情况。从图 3 - 4 可以看出,制药产业的专利申请和拥有发明专利的量相对呈下降趋势,这也表明中国制药产业的技术创新投入不足。虽然中国自 1994 年才开始将药品纳入专利保护范围内,但是在 1995 年,中国制药产业的专利水平与整个高技术产业相比较最高,专利拥有量占比 44.6%,专利申请量占比 44.6%,之后呈下降趋势。专利拥有占比在 2011 年达到最低水平 11.3%;专利申请占比在 2007 年达到历史最低水平 8.9%,随后呈小幅上升趋势。通过横向比较,一定程度上说明,虽然中国制药产业技术创新总体呈上升趋势,但相对于社会经济发展水平,技术创新

---

① 资料来源:《中国高技术产业统计年鉴(2008—2012 年)》。

投入相对较少。

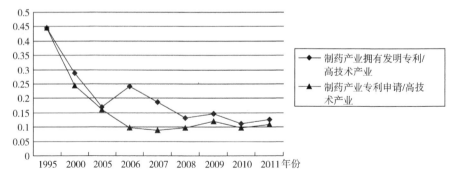

图 3 – 4　1995—2011 年制药产业专利申请与拥有发明专利情况①

通过以上数据分析可以看出,虽然在我国,制药产业也被列为高技术产业,但是实际上,中国制药产业并没有达到高技术产业的要求。目前,中国制药产业的发展状况令人担忧,虽然中国制药产业规模和产量巨大,但是其技术创新状况不容乐观,严重缺乏拥有自主知识产权的原创性药品。中国制药产业缺乏技术创新,导致药品市场同质化竞争严重,也导致了中国在国际上只能依靠价格优势出口一些资源型的初级产品,限制了中国制药产业的可持续性发展。

3.3　中国制药产业技术创新存在的问题

中国制药产业研发起步较晚,直到 20 世纪 90 年代初才开始重视新药研发工作,但在国家产业政策的大力支持下,我国在一些领域也达到了国际领先地位。从中国制药产业的技术现状和所面临的国际化竞争趋势来看,中国的新药研发还存在着如下几个问题。

3.3.1　制药技术的投入资金严重不足

中国的制药研发创新主要依靠国家投入,很少有企业投资,这使得技术创新缺乏资金支持。美国医药的研发资金中有 70% 以上来自企业,而中国 70% 的资金来自政府投入。2007 年,国内药品企业平均每年用于研发投入的资金仅占销售收入的 2%,远低于国外 17% 左右的研发投入水平。资金投入的不足,导致了制药产业装备水平低下、引进的先进技术无法有效吸收等一系列问题,

① 资料来源:《中国高技术产业统计年鉴(2008—2012 年)》。

具体分析如下。

3.3.2　制药产业技术创新人才数量不足、结构失衡

制药产业人才资源出现供需总量不足及结构失衡问题,制药产业一般人才充足,但创新人才严重不足。以华药集团为例,目前企业有工程技术人员 1.85 万左右,其中,中高级技术职称占一半以上,而研发人员仅占 1/3。华药集团和石药集团都属于传统抗生素骨干企业,产品利润率明显低于新型抗生素以及抗肿瘤抗生素生产企业,除了受历史传统以及产业定位等因素影响外,创新人才不足、人才知识结构单一、未形成可持续发展的创新人才体系是制药产业结构转型、开拓新型抗生素的瓶颈。从创新人才的教育背景来看,制药企业技术创新人才多以本科学历为主,硕士及博士以上学历较少,整体素质不高,且缺少交叉、多元的学科背景,创新视野较为狭窄。企业拥有的领军人才数量极少,难以对技术创新形成带动作用。科研交流由于受企业管理规定及个人视野限制,一般仅限于企业内部,没有形成由领军人才及学术簇群参与的技术交流社区。从人才储备情况看,医药产业人才储备不具备可持续性。以中国著名的中成药集散地安国市为例,长期存在中药研发人才缺口,由于城市的基础设施及相关生活条件不具有比较优势,难以吸引国内外高端创新型人才,即使以优厚的薪资吸引来人才,也难以长期留住人才,故创新人才储备严重不足。

3.3.3　制药产业技术创新缺乏合作创新与协同创新意识

最近 10 年来,合作创新已成为发达国家医药研发的重要发展趋势,跨地区、跨行业、跨国界的大型合作创新不断涌现。但中国在协同创新方面的意识还很薄弱。资源共享程度低,缺乏整合。制药产业的先期投入成本很高。如果能把企业与企业之间的创新、研发资源进行共享和整合,将会取得更高效、更经济的成果。但由于信息沟通不畅、管理制度不善,企业与企业之间、产业园区内资源共享度低,影响了企业发展,造成了资源浪费。企业之间存在着单干现象,企业缺乏创新的激励,同时创新效率低下。这些都使得中国制药产业的专利数远远落后于发达国家。

3.3.4　制药产业技术产业化程度较低

中国目前的医药研发主体是政府直属的科研机构和高等院校,制药企业创新能力总体薄弱,大部分还处在仿制阶段。中下游工程技术的发展明显落后于

上游基础技术的发展,造成技术和产业化严重脱节。例如,在生物制药领域,有关调查分析表明,在基因工程产品开发领域,中国的"上游技术"比国际水平仅落后 3—5 年,但"下游技术"却至少相差 15 年,中国的上下游技术转化率不足 5%。另外,虽然中国制药产业的科研机构已经具备相当的数量规模,但是研发与市场脱节,产业化程度低,缺乏共生进化机制,企业投资少,尚未形成良好的市场"供血"机制和可持续发展的生态环境。

4 中国新药规制对制药产业技术创新的激励效应研究

新药规制对制药企业技术创新的投入有导向作用,研究新药规制对制药企业技术创新的激励效果具有很强的理论意义和实践价值。本章首先分析政府新药规制对企业技术创新投资决策的影响,然后利用2005—2011年省级面板数据,通过计量方法验证新药规制对制药产业技术创新的激励效果,从而为制药产业技术创新激励机制的设计提供依据。

4.1 药品规制理论分析

亚伯拉罕(Abraham,1995)对美、英两国药品政府规制的百年演进做了系统梳理,发现其首要的目标仍然在于保障药品的质量和安全。制药产业以社会性规制为主要内容的特点显著区别于政府规制理论以经济学规制为主要研究内容的传统。制药产业政府规制的依据是信息不对称导致的逆向选择以及道德风险可能会严重影响消费者的身体健康乃至生命安全,因此,制药产业是社会性规制的典型代表。无论是发达国家还是发展中国家,对制药产业实施社会性规制是通行的做法(高萍,2009)。但是近年来,发达国家面对日益膨胀的医疗费用支出普遍加强了对药品市场的经济性规制,其中价格规制成为最主要的手段,如强制折扣、直接定价、成本加成、参考定价等。除此之外,规制手段还包括药品目录、报销控制、处方药指南等。在经合组织国家,直接的药品价格规制政策非常普遍,并且有愈演愈烈之势(Sood et al.,2009)。

中国制药产业的政府规制同时具有社会性规制和经济性规制的特征。相应的政府规制机构在通过新药审批、安全监管等社会性规制手段进行管理的同时,出于社会福利和产业发展的考虑还采取了众多的经济性规制手段。规制制度的设立使得规制者对药品的价格有着强大的干预能力。尤其是考虑到尚未建立完善的社会保障制度,通过对药品市场进行种种规制以降低居民医疗费用支出,一直是政府政策的着力点。国家食品药品监管局和国家中医药管理局分别在化学制药和中药制药两个子产业行使着相应的社会性规制职能,生物制药则按照具体的药品属性进行分工规制;发改委系统及其所属物价系统则主要行使价格规制等经济性规制职能。本书重点介绍价格规制和市场准入规制。

4.1.1 我国药品价格规制的基本状况如下

中华人民共和国成立以来,中国药品价格规制经历了从完全规制到市场化再到部分规制的过程。改革开放前的计划经济时期,药品实行政府定价;改革开放到 20 世纪 90 年代中期,我国开始对药品价格规制实行逐步放开,但从 20 世纪 90 年代中后期开始,随着"看病贵"问题凸显和医保制度建立的需要,政府对药品实行了有区别的价格规制(Karen, et al. ,2006)。中国现行的药品定价可以分为政府定价与市场定价两大类,具体又可分为政府直接定价、政府指导定价和市场定价三种方式。政府直接定价或政府指导定价的药品占全部药品的80% 以上,几乎覆盖医保目录上的所有用药。除此之外,中国的药品价格规制还存在着单独定价这一特殊的方式。所谓单独定价是指,只要制药企业认为其产品质量、效果、安全性明显优于其他企业的同类品种或治疗周期、治疗费用明显低于其他企业的同类品种,可以申请单独定价。申请药品单独定价的企业应自接到政府相关部门公布统一的最高零售价格执行之日起 20 日内,向所在地省级价格主管部门提出申请,由后者形成意见报国家发改委。对于绝大多数药品,主要参考专家委员会的意见确定单独定价药品的价格水平。

除了列入政府定价或政府指导价范围的药品,其他药品均由制药企业实行自主定价。但是需要指出的是,将药品定价权交由企业自主决定,并不意味着完全意义上的自主定价。《药品管理法》明确规定,依法实行市场调节药品价格,药品的生产、经营企业应按照公平、合理和诚实信用、质价相符的原则制定价格。自主定价药品的企业仍然需要向价格主管部门进行备案,价格主管部门可以采取价格干预措施来抑制其认为不合理的药品价格。中国对药品的价格规制不仅包括对上市药品进行政府定价,对现有药品实行强制削价也成为中国政府应对药品价格过高而经常采用的手段。自 1996 年以来,国家发改委先后对药品进行了高达 30 次的强制降价政策,但药品价格规制政策对降低药品价格或降低医疗费用支出的效果极其有限,甚至是增加了药价和医疗费用的支出(张琼,2010;吴斌珍等,2011;蒋建华,2012)。

4.1.2　我国药品的市场准入规制

市场准入规制是最常见的一种规制方式,在药品相关领域也同样是一项重要内容。虽然从严格意义上来说,制药产业是一个近似于完全竞争的产业,并不存在法律上的市场准入制度,但是规制机构对药品质量和安全的规制又实实在在地形成了市场进入壁垒,因此,市场准入可以看作是质量和安全规制的产物。涉及中国制药产业的市场准入规制可具体分为产品准入、企业准入和人员准入(见图4-1)。

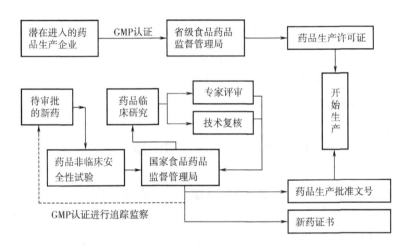

图4-1　中国药品市场准入规制[①]

在企业准入方面,根据中国《药品管理法》等相关法律法规的规定,制药企业要进行药品生产必须获得药品生产许可证和药品生产批准文号,前者要求制药企业必须通过良好作业规范(Good Manufactuning Practice,GMP)认证,后者实际上是药品审批规制。GMP认证是一套适用于制药产业的强制性标准,要求企业在产品原料、人员、设施、生产过程、包装、运输以及质量控制的全过程必须符合卫生质量要求,形成一套可操作的作业规范。按照最新规定,从2004年7月1日起,凡未取得药品制剂和原料药GMP证书的生产企业一律停产。

在产品准入方面,企业生产每一种药品都必须通过药品注册程序取得药品批准文号。从影响制药产业技术创新的规制方式来看,新药审批制度无疑是其

---

①　参见:张庆霖.纵向市场、政府规制与创新扭曲:中国制药产业的研究[D].暨南大学博士论文,2011.

中极为关键的因素之一,它关系到制药企业所申请的新药能否顺利通过审评,获取临床和生产批件。新药审批是整个新药研发流程中最为关键的"惊险一跃"。作为一种社会性规制,新药审批规制的目的是控制药品的质量和药效,但是由于能够获得药品生产批准文号是生产的前提,它所形成的市场进入壁垒更为明显。除此之外,申请新药资格还是获得药品单独定价一个最为便捷的渠道。一旦申请的新药获批,制药企业就可顺理成章地以新药的名义向国家发改委申请单独定价。

在人员准入方面,实行职业药师制度。要取得药师资格,必须经过全国统一考试和注册。药品生产、经营企业的特定岗位必须配备执业药师。

除了以上所提及的影响制药产业技术创新的规制政策外,其他的规制政策还有药品质量安全规制制度(如药品标准制度、药品质量规范制度、药品分类管理制度、特殊药品管理制度、药品不良反应监测制度、药品广告制度等)和药品知识产权保护制度等。

4.2　新药规制与制药企业技术创新决策模型

企业技术创新行为决策除了受自身能力和资源条件限制外,还会受到企业外部环境因素影响。对于制药企业来说,政府规制是影响企业技术创新决策的重要外部因素。在本书中,只分析政府规制对企业技术创新决策的影响,不考虑其他因素对企业创新行为的影响。政府对制药产业的规制主要包括药品注册、价格规制、广告规制、质量规制、专利保护、市场准入规制等,本书将政府对药品的规制大体分为新药规制①和"旧药"规制②。

4.2.1　基本假设

佩尔兹曼(Peltzman,1993)认为,严格的政府规制政策导致了效率损失,延长了新药的审批时间,推迟了新药的上市时间,打击了企业的技术创新积极性。然而有的研究(Grabowski and Vernon,2000)表明,药品注册、药品专利保护以及补偿政策能够激励制药企业进行新药研发。谢勒(Scherer,2001)经过连续的调查研究发现,新产品与专利保护对制药企业保持研发资金以及持续技术创新的

---

① 新药规制主要指对新药注册审批的规制。
② "旧药"规制是指除新药规制外的其他药品规制。

作用比其他任何企业都重要。政府也可通过合适的政策激励企业加强研发投入。同样地,格洛菲特(Croft,2005)研究发现,新药开发成本上升以及利润降低使得制药企业不愿进行新药研发,这时,政府可提供各项优惠政策,通过各种途径(比如搭建公私合作开发平台,将基础研究同临床开发紧密结合起来)缩短新药研发时间,减少研发费用,激励企业参与新药研发。恩瓦卡(Nwaka,2005)也得出相似结论,传统药物研发模式在某些药物研发上失效,企业没有投入动力,但政府可以通过各种途径激励企业参与研发。由此可见,国家政策制度是影响企业技术创新的重要因素。

国内学者吴红雁、杨莉、寇宗来等研究了政府规制对新药技术创新的影响。吴红雁(2008)认为,完善创新药物审批程序、缩短新药审批时间、建立试验数据保护制度、完善专利药单独定价机制等有利于创造良好的政策环境,对研发机构和企业的新药物研发行为具有显著的激励作用。杨莉等(2012)通过研究美国激励医药制造业技术创新的措施,也得出了相似的结果。寇宗来(2010)认为,医疗服务规制价格太低与"以药养医"制度的结合,共同导致了药品需求结构的改变,进而扭曲了上游制药产业的创新行为。朱恒鹏(2007)认为,新药注册审批规制和药品定价规制政策是造成中国制药企业进行"伪新药"技术创新的主要原因。

国外学者研究得出,政府规制对企业技术创新决策有直接影响:一方面,政府规制政策能够激励企业进行技术创新;另一方面,严格的规制政策也打击了企业技术创新的积极性。另外,由于药品的特殊性,政府必须对医药制造业进行规制。因此,政府规制机构面临的问题是选择合适的规制强度对制药企业的技术创新行为进行规制,以实现社会福利最大化。但是,在规制失灵的情况下,政府规制机构会被包括制药企业在内的医疗系统的参与者所"俘获",使其规制目标转向选择最优的规制强度,从而实现自身利益最大化,而不是社会福利最大化。

因此,本书提出以下3个假设:

假设4-1:假定政府规制机构按照边际成本等于边际收益的原则决定对制药产业的规制强度,则存在一个最优的规制强度,使得制药企业决定的技术创新规模能够实现社会福利最大化。在不存在规制失灵的情况下,政府规制机构选择的最优规制强度使得制药企业的技术创新规模最优,即 $Q_i = \overline{Q}_i > 0$。

假设4-2:设定竞争性市场上存在 n 个风险中性的企业,在政府规制下,企业从收益最大化的角度出发来安排技术创新。设政府规制机构对"旧药"的规

制强度为 M,对新药的规制强度为 N,则制药企业技术创新的规模 $Q_i = \alpha M + \beta N$,其中,α、β 分别是制药企业技术创新规模对"旧药"规制强度(M)和新药注册审批规制强度(N)的弹性,且 $0 < \alpha < 1$,$0 < \beta < 1$。当 $Q_i = \overline{Q}_i$ 时,$M = \overline{M}$,$N = \overline{N}$。

假设 4 – 3:设制药企业技术创新收益为 $R_i > 0$,在有效的政府规制情况下,制药企业技术创新收益为 $\overline{R}_i$。在政府规制失灵的情况下,假设制药企业技术创新的收益为二次函数 $R_i = \overline{R}_i + \delta(Q_i - \overline{Q}_i)^2$,其中 $\delta(\delta < 0)$ 为制药企业技术创新损益系数,表示技术创新收益除了受技术创新的规模影响外还受其他因素的影响;$\delta(Q_i - \overline{Q}_i)^2$ 表示制药企业实际技术创新规模与有效政府规制情况下最优技术创新规模的差异对企业技术创新收益的影响。

4.2.2 模型分析

当制药企业不进行技术创新投入时,制药企业技术创新收益为零,即 $Q_i = 0$ 时,则 $R_i = 0$,由此可以得出:$R_i = -\delta Q_i^2$,将其代入制药企业技术创新收益函数中得 $R_i = \delta Q_i^2 - 2\delta Q_i \overline{Q}_i$,因此,制药企业技术创新利润最大化的决策为:

$$\text{Max} R_i = \delta Q_i^2 - 2\delta Q_i \overline{Q}_i \tag{4.1}$$

现在只考虑政府对新药规制强度 N 对制药企业技术创新影响情况下,制药企业的技术创新收益,将 N 代入到制药企业技术创新收益函数中。在政府规制部门被"俘获"的情况下,制药企业需要负担额外成本(Z),即企业寻租的"租金";政府规制机构对制药企业的新药审批的规制强度与企业支付的"租金"正相关,企业支付的"租金"越多,政府规制机构对企业的规制强度越弱,即 $N(Z)$,$\dfrac{\partial N}{\partial Z} < 0$,当 $Z = 0$,$N = \overline{N}$。在本书中,用 Z 来衡量政府规制的失灵程度,且 Z 越大,表示政府规制失灵程度越大。设制药企业支付的"租金"对企业技术创新收益的损失为 $\rho N Q_i Z$,其中 $\rho > 0$,由此可得在政府对新药审批规制失灵的情况下,制药企业技术创新的决策为:

$$\text{Max} R_i(Q_i, N) = \delta Q_i^2 - 2\delta Q_i \overline{Q} - \rho N Q_i Z \tag{4.2}$$

以上最优化问题的一阶条件等于零,即:

$$\frac{\partial R_i(Q_i, N)}{\partial Q_i} = 2\delta Q_i - 2\delta \overline{Q}_i - \rho N Z = 0 \tag{4.3}$$

整理得:

$$Q_i = \overline{Q}_i + \frac{\rho N Z}{2\delta} \tag{4.4}$$

因为 $\rho > 0, N > 0, \delta < 0$,所以,$\frac{\rho N}{2\delta} < 0$,必然有 $Q_i < \overline{Q_i}$。由 $Q_i < \overline{Q_i}$ 可以得出,在政府新药注册审批规制失灵的情况下,制药企业的技术创新规模小于最优创新规模。由于 $\frac{\partial Q_i}{\partial Z} < 0$,且 Z 表示政府规制失灵的程度,因此,制药企业的技术创新规模与新药注册审批规制失灵程度呈反向关系。

由 $Q_i = \alpha M + \beta M$,可以得出:

$$N = \frac{Q_i}{\beta} - \frac{\alpha M}{\beta} \qquad (4.5)$$

由式(5.4)和式(5.5)可以得出:

$$N^E = \frac{2\delta\overline{Q_i} - 2\delta\alpha M}{2\delta\beta - \rho Z} \qquad (4.6)$$

$$Q_i^E = \frac{2\delta\beta\overline{Q_i} - \rho\alpha MZ}{2\delta\beta - \rho Z} \qquad (4.7)$$

(N^E, Q_i^E) 即是在新药规制失灵的情况下,制药企业技术创新行为与政府规制机构关于新药注册审批规制的纳什均衡。博弈的均衡状态时,$Q_i^E < \overline{Q_i}$,$N^E < \overline{N}$,政府规制强度弱于正常的规制强度,制药企业技术创新的规模小于最优规模,因此不能实现社会福利最大化。由此可见,新药规制失灵是导致制药产业技术创新扭曲的原因。

4.2.3 结论分析

在新药规制失灵的情况下,政府规制机构的规制强度明显低于法律规制强度,从而使制药企业的技术创新规模低于最优值。因此,治理新药规制失灵可以促进制药企业技术创新。

4.3 新药规制对制药产业技术创新激励效应实证分析

4.3.1 研究假设

政府规制对制药企业技术创新的影响主要通过食品药品监管部门、发改委及所属物价系统等政府机构共同实施的药品审批、市场准入、药品安全监督、价格规制等一系列规制措施来实现。在本书中,主要关注药品的价格规制和药品的注册审批环节的规制。在我国,药品价格应反映社会平均成本,综合考虑其他相关因素。但是,为抑制药品费用上涨速度,平衡医疗保险体系内资金支出与收入,政府相关机构在1996—2011年期间实施了近30次的药品价格直接干预措施,这直接导致了药品零售价格指数长期低于商品零售价格指数,其中西药零售价格指数低于商品零售价格指数的现象更加明显。

制药公司进行技术创新的主要目的是获得高额甚至是超额收益。如果制药企业的技术创新投入带来收益的增加,那么制药企业将增加其未来的技术创新投入;与之相反的是,如果制药企业技术创新投入获得预期收益较低,就会降低制药企业进行技术创新的积极性,技术创新投入也将随之减少。埃尔辛加和米尔斯(Elzinga and Mills,1997),构建模型分析了医院和医疗管理机构干预处方药定价的效果,他们认为,医疗管理机构干预处方药价格使消费者以较低价格购买药品,降低了制药公司的收入;尽管他们没有进一步分析得出制药企业较低的研发水平源于企业减少的留存收益,但是其模型可以推测出这一结论。特洛耶(Troyer,2002)研究发现,政府部门的价格限制政策限制了产品的销售,从而对产业创新形成负面影响。

药品注册审批是药品从研发到上市的关键环节,也是决定企业研发投入能否产生效益的关键环节。药品研发周期长、投入巨大,而新药的市场需求一般都非常大,药品通过审批就预示着企业能够获取巨额的研发收益。因此,药品注册审批环节的规制对企业技术创新的激励效果显著。现有研究表明,药品注册审批规制较严格对制药企业的技术创新投入具有负面影响。佩斯茨曼(Pestzman,1973)运用比较时间序列方法和模拟方法研究了1962年美国食品药品管理局(FDA)对处方药安全性和有效性更严格的规制条例出台对药品创新的影响。威金斯(Wiggins,1981;1983)发现,政府的规制在20世纪70年代明显减少了新药上市的数量,并减少了企业在研究与开发方面的支出。托马斯(Thomas,1990)的研究显示,政府的规制造成小企业创新效率降低,而大企业却因此受益,原因在于竞争减弱远远抵消了创新效率降低所造成的损失。欧盟工业联合会对欧洲2 100家企业所做的调查发现,政府规制对企业发展有显著的负面影响,导致企业创新能力、盈利能力及应变能力的降低(施本植、张荐华,2006)。佩斯茨曼(Peltzman,1993)认为严格的政府规制政策导致效率损失,延长新药的审批时间,推迟新药的上市时间,打击了企业的技术创新积极性。

坦桑(Danzon,2000)认为,任何形式的药品限价都会对药品的创新与竞争产生消极影响。维农(Vernon,2004)考察了药品限价与投入的联系,开创性地把限价对药品投入的影响分解成期望获益效应(Expected. profitability effect)和现金流效应(cash flow effect),然后通过实证方法发现:如果美国对药品实行限价政策,那么药品行业的研发投入将会下降23.4—32.7个百分点,但是维农也承认并没有考虑到社会福利的情形。总体来说,国外学者基本认为药品价格水平降低可能会导致研发支出减少。

国内也有文献研究药品的定价和药品研发支出之间的关系。例如,陈宪(2008)利用文献研究方法,讨论我国药品定价对新药研发的影响,认为从长远看过低的药品定价最终影响了制药业的投资决策,使得研发资金减少,但是他并没有利用国内数据进行实证分析,或给予严密的理论论证。韩锋(2009)运用2001—2007年商品零售价格指数作为解释变量,以2001—2007年规模以上的制药业研发经费作为被解释变量,对药业研发经费与零售价格指数的关系进行了实证分析,结果表明,二者存在正向关系,并建议适当地提高部分低价高效药品的价格,以促进我国制药企业的发展。

事实上,我国药品价格虚高是一个不争的事实,而我国制药业研发水平与发达国家相比,还存在巨大差距。中国关于新药的界定非常宽泛,这也造成中国每年都会批准大量新药上市,而这些药品的创新度几乎都是"改型""换装"的伪新药。由此可见,在宽泛的政府规制制度环境中,制药产业会自动适应政府规制要求,从而扭曲创新行为。

基于以上分析,提出以下假设:

假设4-4:政府规制改变了制药企业技术创新的预期收益,能够影响制药企业技术创新投入。

假设4-5:宽松的规制环境造成了中国制药产业技术创新扭曲,政府规制强度越小,企业技术创新投入越多。

4.3.2　变量选取

(1)技术创新变量。技术创新可以从投入和产出两个角度来衡量。一般来说,技术创新投入可以从产业内企业对创新活动投入的经费、人员数量及取得成果这三个方面来衡量(王红领、李稻葵、冯俊新,2006)。一般情况下,用研究经费和研发人员指标来衡量技术创新投入,用专利、新产品销售收入或新产品总产值指标来衡量技术创新产出,这一结果得到了学术界的普遍认同。在制药产业中,可以用每年新化合物数量来衡量技术创新产出,并且这一指标被广泛地使用(Baily,1972;Peltzman,1973;Sehwartzman,1976)。考虑到数据的可获得性和连续性,本书用"研发经费内部支出"来衡量技术创新经费投入,用"研发活动人员折合全时当量"来衡量技术创新人员投入。

(2)规制变量。目前,理论界对于政府规制的度量尚无有效的解决办法,在实证分析中学者们更多只能采用虚拟变量的形式加以反映,这种做法只能反映政府是否存在规制措施,却不能反映出政府规制强度和影响。张庆霖(2011)在研究政府规制对制药企业技术创新影响效果时,采用药品制造业实际出厂价格指数作为政府规制效果的代理变量,其中药品实际出厂价格指数 = 药品制药业出厂价格指数/一般工业品出厂价格指数。本书主要研究新药规制对制药产业技术创新的影响效果,因此本书采用新产品占比(新产品销售收入/主营业务收入)来衡量政府规制程度。采用这一代理变量的好处主要在于:一方面,能够反映政府价格规制的结果;另一方面,也能体现新药注册审批的规制结果。除此之外,其他规制政策的后果也必然会通过产品的价格和市场需求体现出来,因此,新产品占比这一指标能够较为全面地反映所有政府规制政策对制药产业技术创新的影响。

(3)控制变量。米歇尔(Michael,2008)在探讨制药产业市场结构与技术创新的熊彼特—阿罗僵局(Schumpeter-Arrow Stalemate)时,认为竞争与规模都会对制药产业的创新产生影响,并提出了一套应用于制药产业创新市场的测试标准,包括市场集中度、压制创新的反竞争理论以及悖论、对手的进入、效率、熊彼特关于规模的理论五个方面。企业进行技术创新活动,不仅受到企业外部环境的影响,也受到企业自身条件的限制。因此,本书还将引入一些其他可能影响制药产业技术创新活动的变量,包括:①企业规模。一般认为,只有规模较大的企业才有进行技术创新活动的动力和能力,因此,将企业规模作为模型的控制变量之一。②产业竞争。一个产业的扩张速度越快,所遇到的技术问题也会越多。对制药产业来说,产业的扩张意味着新产品和新企业进入,也就意味着更多的创新活动。③市场需求潜力。市场需求可分为国内需求和国外需求,因中国制药产业出口比重较小,本书只考虑国内市场对技术创新的影响。一般认为,市场需求越大,企业开展技术创新活动越积极。④企业利润。企业技术创新离不开资金支持,不管企业资金来源于企业内部还是企业外部,都与企业自身的盈利能力密切相关。因此,企业盈利能力越强,企业进行技术创新的投入越高。

4.3.3 计量模型与数据来源

(1)计量模型。在模型(4.3)的基础上,本书建立以下的回归方程来估计新药规制因素对中国制药产业技术创新的影响:

$$Innov = f(reg, asale, firm, profit, demand) \tag{4.8}$$

为了更好地反映制药产业技术创新的特征,根据(4.8)衍生出动态面板模型:

$$Innov_{it} = cont + \beta_1 reg_{it} + \beta_2 Innov_{it-1} + \beta_3 asale_{it} + \beta_4 profit_{it} + \beta_5 firm_{it}$$
$$+ \beta_6 demand_{it} + p_i + u_t + \varepsilon_{it} \tag{4.9}$$

国外有些学者运用美国、加拿大、比利时等国家企业样本数据研究得出,企业规模与研发投入之间存在倒"U"形关系(Grabowski,1968;Loeb & Lin,1977;Soete,1979)。国内学者聂辉华等(2008)在利用中国规模以上工业企业数据考察影响中国企业技术创新的影响因素时,发现企业技术创新与其规模之间存在倒"U"形。为了验证制药企业技术创新与其规模是否存在倒"U"形关系,在模型(4.9)中加入企业规模变量的二次项($asale_{it}^2$),得到模型(4.10)。

$$Innov_{it} = cont + \beta_1 reg_{it} + \beta_2 Innov_{it-1} + \beta_3 asale_{it} + \beta_4 profit_{it} + \beta_5 firm_{it} +$$
$$\beta_6 demand_{it} + \beta_7 asale_{it}^2 + p_i + u_t + \varepsilon_{it} \tag{4.10}$$

为了考察规制强度对制药产业技术创新影响是否具有非线性关系,在模型(4.10)中加入规制变量的二次项(reg_{it}^2),得到模型(4.11)。

$$Innov_{it} = cont + \beta_1 reg_{it} + \beta_2 Innov_{it-1} + \beta_3 asale_{it} + \beta_4 profit_{it} + \beta_5 firm_{it} +$$
$$\beta_6 demand_{it} + \beta_7 asale_{it}^2 + \beta_8 reg_{it}^2 + p_i + u_t + \varepsilon_{it} \tag{4.11}$$

其中,$Innov_{it}$表示省份i第t年制药产业的技术创新情况;$Innov_{it-1}$表示被解释变量的滞后一期;reg_{it}表示省份i第t年政府新药规制程度;$asale_{it}$表示省份i第t年的企业平均规模;$profit_{it}$表示省份i第t年制药产业的利润;$firm_{it}$表示省份i第t年制药产业的市场竞争程度;dem_{it}表示省份i第t年制药产业的国内市场需求;p_i表示省份固定效应,是一个不随省份的变化而变化的变量;u_t解释了所有没有被包括在回归模型中而与时间有关的效应,用以控制各省份共同面临的产业创新宏观环境;ε_{it}是随机误差项。

本书选取了研发经费内部支出($Innov$-rd)、研发活动人员折合全时当量($Innov$-hum)为被解释变量来反映制药产业的技术创新。技术创新具有典型的黏性效应,即上一年的技术创新数量对当年的技术创新产生影响(詹宇波等,2010),因此,本书用滞后一期的被解释变量来反映技术创新的黏性效应。模型中其他变量的含义见表4-1。

表4-1 变量的含义及符号

变量类型	变量名称	含义	符号
被解释变量	技术创新经费投入	研发经费内部支出	*Innov-rd*
	技术创新人员投入	研发活动人员折合全时当量	*Innov-hum*
关键解释变量	技术创新的黏性效应	技术创新的滞后期	*Innov_1*
	政府规制程度	医药制造业新产品销售收入/医药制造业主营业务收入	*reg*
控制变量	企业规模	医药制造业主营业务收入/医药制造业企业个数	*asale*
	市场竞争	医药制造业企业个数	*firm*
	市场需求	人均地区生产总值	*demand*
	企业利润	企业平均利润＝医药制造业利润/医药制造业企业个数	*profit*

(2)数据来源。本书的选取2005—2011年期间,除新疆、青海、西藏、海南之外的27个省份的面板数据[①]。其中,技术创新、企业规模、市场竞争、政府规制程度、企业利润的变量数据来源于历年的《中国高技术产业统计年鉴》;国内市场需求变量数据来源于历年的《中国统计年鉴》。本书没有对变量数据进行消除价格因素影响处理,主要因为:第一,本书研究数据年限较短,仅7年,价格因素影响较小;第二,书中主要是产业数据,如果进行指数平滑,所选取的指数应相同,其结果与没有进行处理相差不大。

表4-2是本书模型变量的描述性统计,变量 *Innov-hum*、*Innov-rd*、*asale*、*firm*、*demand* 和 *profit* 的最大值和最小值之差与标准差都较大,为了降低异方差,本书分别对其取对数。取对数后的统计结果显示,*lnInnov-hum*、*lnInnov-rd*、*lnasale*、*lnfirm*、*lndemand* 和 *lnprofit* 的最大值和最小值之差与标准差都明显降低,提高了数据结构的对称性。从数值上看,技术创新投入指标和规制指标都

---

① 新疆、青海、西藏、海南这四个省区的数据有缺失,为了使研究更严谨,本书剔除这四个省区的变量数据。

具有显著差异。

表 4-2 变量的描述性统计

	观测值	均值	标准差	最小值	最大值
Innov-hum	189	1 760.47	2 135.51	31.00	12 577.00
Innov-rd	189	37 159.12	53 178.31	217.00	368 492.00
asale	189	12 793.64	6 758.47	3 756.00	38 430.00
firm	189	220.41	152.724 99	9.00	720.00
demand	189	27 880.71	17 779.20	5 119.00	85 213.00
profit	189	1 667.59	1 388.18	138.00	8 211.00
lnInnov-hum	189	6.88	1.17	3.43	9.44
lnInnov-rd	189	9.76	1.35	5.38	12.82
lnasale	189	9.33	0.51	8.23	10.56
lnfirm	189	5.12	0.83	2.20	6.58
lndemand	189	10.05	0.60	8.54	11.35
lnprofit	189	7.11	0.81	4.93	9.01
reg	189	3.00	3.12	0.11	9.44

模型变量的相关性分析见表 4-3。相关系数的符号表明,技术创新投入与企业规模、市场竞争、市场需求、企业利润、政府规制正相关,且与研究假设基本预测一致。相关系数的显著性表明,所选解释变量与控制变量能够很好地解释被解释变量的变化。

表 4-3 主要变量的相关系数

	lnInnov-rd	*lnInnov-hum*	*lnfirm*	*lnasale*	*lndemand*	*lnprofit*	*reg*
lnInnov-rd	1						
lnInnov-hum	0.955 0*	1					
lnfirm	0.643 7*	0.657 0*	1				
lnasale	0.644 6*	0.605 7*	0.103 6	1			
lndemand	0.668 3*	0.598 5*	0.305 3*	0.680 0*	1		
lnprofit	0.604 2*	0.550 3*	0.043 3	0.895 4*	0.636 9*	1	
reg	0.726 2*	0.720 5*	0.667 5*	0.561 6*	0.487 0*	0.473 0*	1

注:表中为 Pearson 相关系数,度量技术创新经费投入、人员投入以及其他影响因素的相关程度。

* 表示在5%的置信区间内显著相关。

4.3.4 估计方法:动态 GMM 估计

本书虽然已经引入一些关键变量,但是制药企业技术创新仍受到众多其他因素的影响,而这些因素无法一一量化引入方程。这些遗漏变量将产生潜在的内生性问题,如何减弱内生性问题对分析的影响是实证研究的关键环节。滞后一期的因变量能够在一定程度上反映潜在因素对因变量的影响,因此将自变量的滞后一期引入方程能够减弱甚至消除内生性问题。

传统面板数据模型:

$$y_{it} = \sum_{}^{K} \beta_k x_{kit} + \eta_i + \varepsilon_{it} \tag{4.12}$$

阿雷拉诺和邦德(Arellano and Bond,1991)将因变量的滞后一期引入面板模型中,动态面板模型如下:

$$y_{it} = \alpha y_{it-1} \sum_{}^{K} \beta_k x_{kit} + \lambda_i + \varepsilon_{it} \tag{4.13}$$

其中,$|\alpha| < 1; i = 1,2,3,\cdots,N; t = 0,1,2,3,\cdots,T; \lambda_i$ 是个体固定效应;x_{kit} 是外生解释变量,并且方程满足以下假设:$E(\varepsilon_{it}) = 0; \mathrm{var}(\varepsilon_{it}) = \sigma^2; E(\varepsilon_{it}\varepsilon_{is}) = 0, s \neq t; E(y_{it-1}\varepsilon_{it}) = 0$。

如果 $E(\varepsilon_{it}\varepsilon_{is}) \neq 0, s \neq t$,则需要将因变量的高阶之后项放入方程右边,分析方法与引入自变量滞后一阶类似。本书将主要介绍在面板模型中引入自变量滞后一阶的估计方法。

如果使用一阶差分 OLS 方法对模型进行估计,则会产生:

$$\Delta y_{it} = \alpha \Delta y_{it-1} + \sum_{}^{K} \beta_k \Delta x_{kit} + \Delta \varepsilon_{it} \tag{4.14}$$

其中,$\Delta y_{it} = y_{it} - y_{it-1}, \Delta y_{it-1} = y_{it-1} - y_{it-2}; \Delta x_{kit} = x_{kit} - x_{kit-1}; \Delta \varepsilon_{it} = \varepsilon_{it} - \varepsilon_{it-1}$。显然 $\mathrm{cov}(\Delta y_{it-1}, \Delta \varepsilon_{it}) \neq 0$。同时,$\mathrm{cov}(\Delta y_{it-k}, \Delta \varepsilon_{it}) = 0 (k \geq 2)$。因此,$y_{it-k}$ 都可以成为工具变量。

对于其他解释变量存在以下几种情况:①如果对于所有的 $s \neq t, E(x_{kit}\varepsilon_{it}) = 0$,,该变量为严格外生解释变量。对于这一类的解释变量可以使用自身为其工具变量。②当 $s < t, E(x_{kit}\varepsilon_{it}) \neq 0$,且 $s \geq t, E(x_{kit}\varepsilon_{is}) = 0$,该变量为弱外生解释变量。对于这一类的解释变量可以使用 x_{kit} 的所有滞后变量作为其工具变量。③当 $s \leq t, E(x_{kit}\varepsilon_{is}) \neq 0$ 且 $s > t, E(x_{kit}\varepsilon_{it}) = 0$,即 $E(x_{kit}\varepsilon_{it}) \neq 0$ 该变量为内生解释变量。对于这一类的解释变量,x_{kit-1} 不能作为工具变量使用,只能使用除 x_{kit-1} 之外的其他滞后期的变量作为其工具变量。

本书计量模型的解释变量中包含了自变量的滞后一阶,如果用面板的随机效应或固定效应对模型进行估计,得到的参数估计将不是一个无偏的、一致的估计量,导致所推导出的经济含义也随之扭曲。阿雷拉诺和邦德(Arellano and Bond,1991)提出的动态面板广义矩法(GMM)能够解决这一问题。随着学者研究的深入,将动态面板 GMM 估计分为一步 GMM 估计和两步 GMM 估计。两步 GMM 估计的标准差存在向下偏移的问题,尽管温特迈耶(Windmeijer,2005)对这种偏移进行了修正,降低了偏移程度,但是这种修正会导致两步 GMM 估计量的近似渐进分布变得不可靠,因此,在经验验证应用中,通常采用一步 GMM 估计量。进一步分析,一步 GMM 估计方法又可分为一步差分 GMM(one-step difference GMM)和一步系统 GMM(one-step system GMM)。一步系统 GMM 方法能够更有效地控制某些解释变量的内生性问题,主要是因为一步系统 GMM 方法利用了比一步差分 GMM 更多的信息,将弱外生变量的滞后项作为工具变量纳入估计方程中。通过以上分析,本书实证分析将选择一步系统 GMM 估计方法。

4.3.5　估计结果与分析

在动态面板 GMM 估计过程中,一般用 Sargan 检验来确定工具变量的选择是否有效。通过异方差检验发现模型存在异方差,在模型估计时,用 robust 进行修正。因此,在矩条件的过度识别检验中,用 Hansen 检验代替了 Sargan 检验来检验工具变量的有效性(肖兴志、姜晓婧,2013)。对模型(4.9)、模型(4.10)和模型(4.11)的估计结果详见表4-4和表4-5。本书选择了所有解释变量作为工具变量,Hansen 检验结果显示选取的工具变量有效;Arellano-Bond 检验结果显示,扰动项(残差项)的差分存在一阶自相关,但不存在二阶自相关,因此本书选择一步 GMM 估计效果较好。

表4-4　政府规制对技术创新经费投入($lnInnov\text{-}rd$)影响的 GMM 估计

解释变量	(1) 一步系统 GMM	(2) 一步系统 GMM	(3) 一步系统 GMM	(4) 一步系统 GMM	(5) 一步系统 GMM
$(lnInnov\text{-}rd)_{t-1}$	0.337*** (0.114)	0.384*** (0.098)	0.367*** (0.103)	0.336*** (0.112)	0.382*** (0.096)
$lnasale$	0.676*** (0.177)	0.050 (0.272)	2.327 (3.384)	0.676*** (0.203)	0.051 (0.266)
$lnasale^2$			-0.121 (0.177)		

续表

解释变量	(1) 一步系统 GMM	(2) 一步系统 GMM	(3) 一步系统 GMM	(4) 一步系统 GMM	(5) 一步系统 GMM
lnfirm	0.490 * *	0.483 * * *	0.478 * * *	0.489 * * *	0.483 * * *
	(0.129)	(0.134)	(0.088)	(0.118)	(0.101)
lndemand	0.296 * *	0.238 *	0.239 *	0.296 * *	0.238 *
	(0.139)	(0.134)	(0.135)	(0.140)	(0.135)
lnprofit		0.429 * * *	0.427 * * *		0.429 * * *
		(0.164)	(0.162)		(0.164)
reg	0.029 *	0.028 *	0.034 *	0.031	0.029
	(0.139)	(0.017)	(0.018)	(0.065)	(0.068)
reg^2				− 0.000 1	− 0.000 1
				(0.003)	(0.003)
constant	− 5.313 * *	− 2.349	− 12.893	− 5.303 * *	− 2.357
	(1.677)	(1.547)	(15.913)	(2.034)	(1.847)
AR(1)	0.001	0.001	0.002	0.001	0.001
AR(2)	0.311	0.722	0.716	0.310	0.722
Hansen 检验	0.188	0.154	0.577	0.184	0.154
观测数	189	189	189	189	189

注:表 4 - 4 中的一步系统 GMM 估计是在 stata 11.0 中嵌入"xtabond2"程序进行的。AR(1)、AR(2)、Hansen 检验给出的都是统计量对应的 p 值;括号数据为异方差稳健标准误。* * * 、* * 、* 分别表示在 1% 、5% 和 10% 的水平上显著。

表 4 - 5 政府规制对技术创新人员投入(*lnInnov-hum*)影响的 GMM 估计

解释变量	(1) 一步系统 GMM	(2) 一步系统 GMM	(3) 一步系统 GMM	(4) 一步系统 GMM	(5) 一步系统 GMM
(*lnInnov-hum*)$_{t-1}$	0.302 * * *	0.330 * * *	0.303 * * *	0.301 * * *	0.329 * * *
	(0.067)	(0.065)	(0.067)	(0.068)	(0.066)
lnasale	0.645 * * *	0.108	3.671	0.594 * * *	0.060
	(0.186)	(0.251)	(3.422)	(0.240)	(0.282)
$lnasale^2$			− 0.189		
			(0.181)		

解释变量	(1) 一步系统 GMM	(2) 一步系统 GMM	(3) 一步系统 GMM	(4) 一步系统 GMM	(5) 一步系统 GMM
lnfirm	0.483***	0.490***	0.479***	0.442***	0.450***
	(0.092)	(0.113)	(0.106)	(0.116)	(0.153)
lndemand	0.222	0.186	0.180	0.224	0.187
	(0.149)	(0.156)	(0.162)	(0.148)	(0.155)
lnprofit		0.377**	0.379***		0.377**
		(0.151)	(0.146)		(0.149)
reg	0.024	0.023	0.033	0.057	0.054
	(0.018)	(0.021)	(0.024)	(0.081)	(0.087)
reg^2				−0.001	−0.001
				(0.003)	(0.003)
constant	−5.927***	−3.461*	−19.937	−5.315**	−2.887
	(1.736)	(1.869)	(15.666)	(2.364)	(2.450)
AR(1)	0.006	0.011	0.012	0.006	0.011
AR(2)	0.200	0.362	0.402	0.196	0.358
Hansen 检验	0.127	0.148	0.171	0.124	0.139
观测数	189	189	189	189	189

注:表4-5中的一步系统 GMM 估计是在 stata 11.0 中嵌入"xtabond2"程序进行的。AR(1)、AR(2)、Hansen 检验给出的都是统计量对应的 p 值;括号数据为异方差稳健标准误。***、**、*分别表示在1%、5%和10%的水平上显著。

(1)政府价格规制与技术创新投入关系。表4-4和表4-5中的回归结果显示了政府规制对技术创新经费投入和人员投入的估计结果。

政府规制对技术创新投入影响分析具体如下。表4-4显示了政府规制对制药企业技术创新经费投入的影响。由表4-4中的估计(1)和估计(2)中可以看出,政府规制变量对技术创新经费投入影响的估计系数为正,且在10%的水平上显著。政府规制变量用新产品占比(医药制造业新产品销售收入/医药制造业主营业务收入)来衡量,这一指标一方面能够反映政府新药审批数量,批准新药越多,新药在市场上销售占比越大,而政府规制强度越低;另一方面,新药的价格规制程度越强,新药价格越低,新药销售占比越低。由此可见,新产品占比越大,表明政府规制强度越小。因此,政府规制与技术创新经费投入呈负相关,即政府规制介入程度越低,制药产业技术创新投入越多,这一结论与中国制药产业技术创新现状相一致。中国关于新药的界定非常宽泛,使得大量伪新药通过审批以新药身份在市场上销售,从而提高了新药占比,增加了企业利润,而这又进一步刺激制药企业进行伪新药的研发投入。中国自 1996 年以来频繁地实施药品价格调控政策,但实际上这些政策收效甚微,药品价格规制使得企业转向伪新药研发。由表 4 - 5 中估计(1)和估计(2)可以得出,政府规制变量对技术创新人员投入影响的估计系数为正,但是不显著。这表明政府规制的变化对企业研发人员投入的影响不明显,这可能是因为研发人才的培养是一个长期的、复杂的过程,不会随外在因素的变化在短期内发生明显改变。

政府规制对技术创新投入影响的非线性分析如下。表 4 - 4 和表 4 - 5 中的估计(4)和估计(5)显示了政府规制二次项对技术创新经费投入和人员投入的影响。规制二次项对技术创新投入的估计系数非常小,可忽略不计,并且估计结果不显著。这表明政府规制与技术创新投入之间不存在非线性关系。

(2)其他控制变量与技术创新的关系。由表 4 - 4 和表 4 - 5 中的估计(1)可以看出,激励企业技术创新的外部因素都显著为正,即企业规模(*lnasale*)、市场竞争(*lnfirm*)、市场需求(*lndemand*)与技术创新投入(*lninnov-rd* 和 *lninnov-hum*))呈正向关系。这表明企业规模的扩大、激烈的市场竞争、强劲的市场需求有助于激励企业加大技术创新投入。从表 4 - 4 和表 4 - 5 中的估计(3)的结果看,企业规模的一次项都为正,企业规模的二次项都为负,可见公司规模与企业技术创新的关系并不是简单的单向递增或单向递减关系,而是存在着"U"形的关系。但是,此时关于企业规模的估计都不显著,因此中国制药企业规模与技术创新之间不存在倒"U"形关系。这可能是因为制药企业新药研发所需资金量巨大、中国制药企业的规模较小(产业集中度较低)等使得中国制药产业的企业规模还没有达到临界值。

由表 4 - 4 和表 4 - 5 中的估计(2)可以看出,激励企业技术创新的内部因素企业利润(*lnprofit*)显著为正。这表明企业的盈利能力是企业进行技术创新的坚强后盾,企业盈利能力越强,企业进行技术创新的投入越多。

5 中国药品专利制度对制药产业
技术创新的激励效应研究

关于专利制度对技术创新的激励作用,学术界一直存在争议,具体到制药产业领域也是如此;然而,中国政府一直将专利制度作为激励产业(企业)进行技术创新的重要手段,并根据国内外经济社会的发展而不断完善。

因此,本章首先在借鉴前人的最优专利模型的基础上分析药品最优专利设计对技术创新的影响;然后,创新地构建了含有立法强度与执法强度的药品专利保护强度测算新指标体系,并测算了 1995—2011 年中国的药品专利保护强度以及 2002—2011 年各省份的药品专利保护强度;最后,在此基础上,通过计量模型检验中国药品专利保护对制药企业技术创新投入的激励效应,从而为制药产业技术创新激励机制设计提供依据。

5.1 药品专利对技术创新激励作用研究

专利对技术创新的促进作用究竟有多大?这是几百年来专家学者一直关注的热点问题。事实证明,专利制度对不同创新领域的作用是不同的。调查显示,在各个技术创新领域中,药品受专利保护的激励作用最为明显。美国著名经济学家曼斯菲尔德曾对药品专利保护进行过深入的调查研究,他发现制药领域受到专利保护的影响很大,大量的药品是完全依赖严格的专利保护才被研究开发出来的;换言之,失去充分的药品专利保护,新药的研发速度将大大降低。但是,由于各国制药能力不同,各国受药品专利的激励创新程度也不相同。

不同国家、不同时期的专家学者对于药品专利(制度)对制药产业技术创新的影响作用的研究结论并不一致。有些学者认为,药品专利制约了制药产业的技术创新(Hell & Eisenberg,1998;Scherer,2002;Yuan,2009);有些学者认为,药品专利制度促进了制药产业的技术创新(Bloom,Reenen,Michael,2000;Rickne & Jacobsson,1999);还有一些学者的研究结论是,专利保护与技术创新之间并不是简单的线性关系,而是某种非线性关系(Lall,2003;Schneider,2005;余长林和王瑞芳,2009)。从现有研究成果看,大部分学者的研究结论是药品专利制度对制药产业技术创新起积极作用。

5.2　激励技术创新的最优药品专利保护理论模型

专利制度一方面保护创新者的权益,增加创新者的收益,从而激励社会进行技术创新;另一方面赋予创新者垄断权,使得创新产品市场具有垄断市场特征,降低社会资源的配置效率,从而引起社会福利损失。而最优专利制度设计力求平衡技术创新激励和垄断损失之间的关系(Nordhaus,1969)。

诺德豪斯(Nordhaus,1972)首先尝试对最优专利长度进行较为系统的研究,之后众多学者展开了对最优专利制度的研究。而有些学者则关注于研究最优专利长度或最优的专利宽度(Gillbert,ShaPiro,1990;Gallini,1992;Denicofo,1996;Beschomer,2008);有些学者研究专利长度和宽度的匹配问题(Kemperer,1990;Green,Seotchmer,1995;Seotehmer,1996;Donoghue,1998)。

本节借鉴 OST 模型(O'Donoghue,Scotchmer,Thisse,1998)以及寇宗来(2004)的最优专利模型分析药品最优专利设计。

5.2.1　模型假设[①]

假设专利产品被非侵权的技术创新替代事件的发生服从一个率参数为 η 的泊松过程,且关键取决于政府专利宽度 B 来调控的参数 η,即 $\eta = \eta(B)$,且 $\eta' < 0$。但和 OST 模型中不同的是,本书假设 $\eta(0) = \infty$,$\eta(\infty) = 0$,其经济意义在于,如果专利宽度(专利保护范围)趋近于零,那么其他非侵权的产品可立即取代专利产品;如果专利宽度无限大,那么在专利保护期限内非侵权产品很难替代专利产品。依据泊松过程的性质,当专利法定保护期限 T 无限大时,专利被替代的预期时间为 $1/\eta(B)$。注意到 $\eta(B)$ 的性质,若令 $B = 1/\eta$,那么专利宽度将具有明确的经济意义:专利宽度越大,那么在市场上,专利产品垄断的预期时间将越长。

尽管专利政策包括法定期限 T 和保护宽度 B 两个维度,但值得注意的是,企业利润和社会福利仅与专利总的保护强度 (T,B) 直接有关,因此最优专利政

[①]　主要参考寇宗来(2004)的研究。

策对应于(T,B)空间中的一条曲线。这个结论为专利法定保护期限T长期保持不变的事实提供了一个合理性解释:只要专利长度T足够大,政府就能够针对不同的行业,通过调整专利保护宽度来实现最优的专利政策。与之相比,在现有文献中最优专利政策都对应于(T,B)空间中的一个点,这意味着在法定保护期限T保持不变的情况下,他们的最优专利政策将无实现的可能性。

假设某种竞争性产品的边际成本为c_0,市场需求函数为$p = b_0 - q$,其中p为产品价格,q为产量,而b_0则表示产品的市场容量参数。现在考察某个厂商针对该产品的创新行为。为避免引入剧烈创新和小幅创新的复杂性,假设创新前$b_0 = c_0$,即该产品的生产刚好无利可图。

假设创新后产品的边际成本和市场容量分别为c和b。如果$b > b_0$,则说明创新后产品更具吸引力,需求曲线向右移动,即为产品创新的情况。如果$c < c_0$,则说明创新后生产原来产品的边际成本更低,即为过程创新的情况。但是,不管是过程创新还是产品创新,创新之后的情况都可用图5-1来表示。可将技术创新过程描述为:制药企业投资x使得$\varphi(x) = b - c > 0$。在药品专利保护下,技术创新企业的垄断利润流为$(p - c)q = (\varphi - q)q$。$\varphi(x)$越大,创新产品的利润边际越大。一般情况下,研发投资对技术创新的贡献率是边际递减的。因此,假设技术创新函数为$\varphi(x) = \sqrt{hx}$,其中$h > 0$表示创新效率。最后,假设创新成本函数为$C(x) = x_2$,创新投入为递增凸函数①。

参照图5-1,根据给定的药品市场需求函数和技术创新函数$\varphi(x)$,创新的制药企业的垄断产量q^m和价格p^m都为$\varphi/2$,垄断利润流为$\lambda(\varphi) = \varphi^2/4$。同时,单位时间的消费者剩余为$S(\varphi) = \varphi^2/8$。对于药品专利保护成本,现有文献只考虑由于专利产品垄断定价所造成的社会福利净损失$D(\varphi) = \varphi^2/8$。但如前所述,这忽略了由于专利知识被低效使用所造成的损失。在累积创新的环境下,尽管其他制药企业可以根据已经公开披露的专利知识进行后续创新,从而制造出横向的产品或者纵向差异化的产品,但药品专利保护具有排他性特征,能够阻止这些产品的市场化。由此,创新知识的"生产性"将被暂时搁置,这主要是因为这些创新知识不能被商业化,从而不能产生经济价值。

假设由此造成的事后社会福利净损失为$\theta D(\varphi)$,如图5-1中阴影部分所示,其中参数$\theta > 0$,表示创新知识的"生产性"。如果θ很大,则表示该专利所披露的知识可以孕育大量的后续创新,从而专利禁令导致的社会福利净损失就非

---

① 随着研究努力的增加,研究者身心所承担的成本将非线性增加。

常大。反之,如果 θ 较小,则表示该药品专利知识的"生产性"很低,在此基础上的创新较少,从而药品专利禁令的福利损失也较少。如果 $\theta = 0$,则我们的情况退化到标准情况。一般地,如果药品专利保护有效,则单位时间内社会福利净损失为:

$$L(\varphi) = (1 + \theta)D(\varphi) = (1 + \theta)\varphi^2/8 \tag{5.1}$$

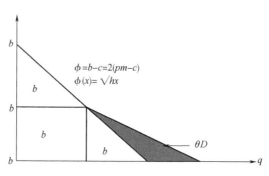

图 5-1　药品专利保护最优模型

5.2.2　模型构建

在本书的最优专利模型中,将药品专利的长度(专利的法定期限)T 和宽度(专利保护范围)B 作为专利政策的工具。在药品专利政策 (T, η) 或者 (T, B) 下,药品专利保护可能存在两种失效方式:第一种,专利法定保护期限结束;第二种,在专利法定保护期限内,其他的非侵权的产品替代原来的专利产品。为了便于分析,假设出现任何一种情况都会导致技术创新者的利润立即降为零。在有效的药品专利保护情况下,技术创新者可获得的垄断利润流为 $\lambda[\varphi(x)] = \varphi^2/4 = hx/4$,则在药品专利制度 (T, η) 或者 (T, B) 下,技术创新者的目标是选择投资 x 获取最大化的预期折现利润:

$$\max_{x} = \int_{0}^{T} \lambda(x)e^{-(\eta+r)t}\mathrm{d}t - C(x) = f(T, B)hx/4 - x^2 \tag{5.2}$$

其中,$f(T, B) \equiv \dfrac{1 - e^{-[\eta(B)+t]T}}{\eta(B) + r}$,是在给定的药品专利制度 (T, B) 情况下,药品专利对制药企业技术创新总的保护强度。以下简单分析是考察 f 的性质和经济含义:

(1)$\partial f/\partial T > 0$,$\partial f/\partial B > 0$,$\partial^2/\partial T\partial B > 0$。$f(T, B)$ 是 T 和 B 的连续函数,$\eta'(B) < 0$。此性质表明,如果专利长度(法定保护期限)T 或宽度(专利保护范围)B 增加,f

也将随之增加,T 对 f 的边际贡献随 B 的增加而增加;反之亦然。

(2)$0 \leqslant f(T,B) \leqslant 1$。由于 $\eta(0) = \infty$，$\eta(\infty) = 0$,如果药品专利保护完全不能正常地发挥其保护技术创新职能(当且仅当 $T = 0$ 或者 $B = 0$ 时),f 值最小为 0。给定 $T = \infty$,当 $T \rightarrow \infty$ 时,$f \rightarrow 1/r$。给定 $B = \infty$,当 $T \rightarrow \infty$ 时,$f \rightarrow 1/r$。当 $T = \infty$ 和 $B = \infty$ 时,f 也同时达到最大值 $1/r$。

(3)$1/r = \int_0^\infty e^{-rt}\mathrm{d}t$ 的作用是将一个稳定的收益流折现到零时刻。垄断收益流 $\lambda[\varphi(x)] = \varphi^2/r = hx/4$ 和时间 t 无关,从而 λ/r 是收益流 λ 总的折现值。而根据(2),$5 < 1/r$,则 f 的经济含义就表示创新制药企业在多大程度上占有垄断利润流 λ。

5.2.3　模型分析

对式(5.1)求一阶条件可知,在药品专利制度 (T,B) 下,制药企业最优的技术创新投入和最优创新利润分别为:

$$x^* = fh/8 \tag{5.3}$$

$$\lambda^* = x^{*2} = f^2h^2/64 \tag{5.4}$$

政府的目标则是选择最优的药品专利制度 (T,B),以实现社会福利最大化:

$$\max_{T,B} W = \int_0^\infty [cs(x^*) + \lambda(x^*)]e^{-rt}\mathrm{d}t + \int_0^T \frac{(1+\theta)D(x^*)}{r}e^{-(\eta+r)t}\eta\mathrm{d}t \tag{5.5}$$

$$+ e^{-(\eta+r)t}\frac{(1+\theta)D(x^*)}{r} - C(x^*)$$

式(5.5)中,等号右边第一项 $\int_0^\infty [cs(x^*) + \lambda(x^*)]e^{-rt}\mathrm{d}t$ 表示技术创新发生后,任一时刻 t 的社会福利 $cs(x^*) + \lambda(x^*)$,e^{-rt} 的作用是将 t 时刻的收益折现到零时刻。第二项 $\int_0^T \frac{(1+\theta)D(x^*)}{r}e^{-(\eta+r)t}\eta\mathrm{d}t$ 表示在药品专利法定保护期限内任一时刻 $t < T$,专利药品尚未被替代的概率为 $e^{-\eta t}$。如果尚未被替代,则在 $[t,t+\mathrm{d}t]$ 期间内,专利药品被替代的概率为 $\eta\mathrm{d}t$。如果创新被替代,则以时刻 t 的标准看,消除的社会福利净损失为 $(1+\theta)D(x^*)/r$（其中 $1/r = \int_0^\infty e^{-r(T-t)\mathrm{d}t}$）的作用将 t 时刻之后的某个固定的收益流全部折现到 t 时刻),然后再用折现因子 e^{-rt} 将其折现到零时刻。第三项 $e^{-(\eta+r)T}\frac{(1+\theta)D(x^*)}{r} - C(x^*)$ 表示到时刻

T 时药品尚未被替代的概率为 $e^{-\eta}$，但此时刻已经达到专利法定保护期限，专利药品将不再具有垄断性，转变为竞争性药品，此时不存在社会福利损失。

将 x^* 代入式(5.4)，其可简化为：

$$\max_f W = \frac{h^2}{64r}[(4+\theta)f - (2+\theta)rf^2] \tag{5.6}$$

由式(5.2)、式(5.3)和式(5.5)，可以得出：

命题 5-1：制药企业技术创新投入、技术创新利润以及社会总福利和 $f(T, B)$ 直接有关。所以，任何两种专利制度 (T_1, B_1) 和 (T_2, B_2)，只要能满足 $f(T_1, B_1) = f(T_2, B_2)$，那么这两种专利制度的经济作用相同。

对式(5.5)求一阶条件，可以得到：

命题 5-2：给定药品专利知识的生产性 $\theta \geqslant 0$，则最优的药品专利总的保护强度为 $f(\theta) = \left(\dfrac{1}{2} + \dfrac{1}{2+\theta}\right)\Big/ r$。

命题 5-2 表明，在设计最优专利保护时，必须考虑由专利禁令导致的社会福利净损失。给定 $\theta \geqslant 0$，最优专利的保护强度是有限的，并不是保护强度越大越好，即 $1/2r < f^* \leqslant 1/r$。

由以下事实情况来理解药品专利保护的有限性：第一种情况，增加药品专利总的保护强度会增强制药企业的技术创新激励(因为 $x^* = fh/8$)，这种激励效应表现为药品专利制度的动态收益，即在专利期限内的总收益；第二种情况，在累积创新的环境下，为保障技术创新者能够独自占有其技术创新收益，政府必须阻止其他制药企业对该种专利药品进行周围技术创新，通常情况下，此时政府会通过专利制度来实现其目的。专利制度会导致技术创新成功后的垄断定价，并阻碍一些在技术上可行、对社会有益的药品推向市场，从而造成社会福利损失。在上述分析中，由于专利制度所造成的社会福利损失被称为专利制度的静态损失。根据式(5.5)，社会福利是药品专利总的保护强度 f 的二次函数；当 $f < f^*(\theta)$ 时，激励效应占优势，应该提高药品专利保护强度；与之相反，当 $f > f^*(\theta)$ 时，静态损失占优势，应该降低药品专利保护强度。由以上分析可以得出，$\partial f^*/\partial \theta < 0$，即最优药品专利总的保护强度会随着药品专利知识的"生产性" θ 而递减，药品专利知识的生产性 θ 越高，表明该药品专利知识所孕育的后续的技术创新越多，从而由专利制度导致的社会福利损失将越大。

5.2.4 模型结论

基于以上分析，本书提出药品专利制度对制药产业技术创新作用的两点

假设:

假设 5 - 1:制药企业技术创新(药品研发)对专利保护的依赖程度很高,即药品专利制度对制药产业发展具有十分重要的意义。

由命题 5 - 2 可知,不同产业的技术创新知识的生产性不同,相应地,其专利保护强度也不同。η 决定泊松到来率参数。给定技术创新投资,η 越小,单位时间内完成创新的可能性越小,即技术创新难度越大。如果技术创新比较困难,就需要提高药品专利保护强度,向市场提供足够强的技术创新激励。时间偏好率 r 代表了技术创新者对未来利润的评价。r 越大,技术创新者越趋向于"短期化";尤其是,技术创新的未来不确定性越大,技术创新者越关注当期利润。不管怎样,r 的增大意味着制药企业创新激励下降。与之相对应的是政府必须提高药品专利保护强度,增加创新后的专利利润来激励制药企业进行技术创新投资。

假设 5 - 2:有限的药品专利保护强度是最优的。

药品与公众健康、安全直接相关,其特殊性主要体现在需求价格弹性低与其公共产品外部性的属性两个方面。就这一角度而言,本书得出一个具有明确政策含义的结论,即药品专利保护强度是有限的,过强或过弱都不利于实现药品可及性。

在下文中,将主要讨论中国药品专利制度对制药产业技术创新的激励效果。先构建中国药品专利保护强度指标体系,然后测算了中国及各省份的药品专利保护强度,最后通过计量模型实证分析中国药品专利制度对制药企业技术创新的实际影响效果。

5.3 中国药品专利保护强度的度量

5.3.1 专利保护强度测度方法

专利权保护是一个集立法、司法与执法于一体的复杂过程,因此,度量一个国家的专利保护强度是一项十分困难的事情。常见的测度专利保护强度的指标体系有三种构建方法:问卷调查法,立法指标评价法和综合指标评分法。

(1)问卷调查法。问卷调查法主要通过向相关的专业人士发放调查问卷,根据问卷的回答内容来评价专利的保护程度。比较有代表性的研究有:曼斯菲尔德(Mansfield,1995)对 180 位美国、德国和日本的化工、医药、电子和机械设备行业的经理和专利律师进行了关于专利保护的调查,并以此为基础来评价相关行业的专利保护水平。兰乔和科克布恩(Lanjouw,Cockburn,2001)通过对65家加拿大、美国和印度制药公司和生物技术公司、行业协会和政府主管部门问卷调查,考察制药企业的专利保护和研发投入情况,预测印度未来应采取什么样的药品专利保护政策。总体而言,问卷调查法的突出优点是它能够不受时空限制,在较广的范围内对众多的调查对象进行同时调查,可节省大量时间、人力和经费。同时,该方法的局限性也非常明显,它只能获得问卷设计信息,不能了解到具体的社会情况。

(2)立法指标评价法。立法指标评价法主要依据国家专利法的立法文本进行专利保护强度的测度。最早对知识产权保护水平进行量化测度的是拉普和罗泽克(Rapp,Rozek,1990),他们以美国商务部1987年编制的专利法的最低标准为尺度,并将各国的专利法与之相对照,分别用0至5之间的整数来表示,将专利保护水平分为6个等级,根据各国专利法的得分情况来衡量一国的专利保护强度。拉普和罗泽克(Rapp – Rozek 的)方法比较简单方便,此后很多文献都采用该方法来测度知识产权保护强度(Gould & Gruben,1996;Smith & Pamela,2001)。然而,拉普和罗泽克的方法也存在明显的不足,一方面,该方法是静态指标,且没有考虑执法情况;另一方面,用阶跃式整数来表示可能会把两个知识产权保护水平差距较大的国家纳入到同一级别。金纳特和帕克(Ginarte,Park,1997)在拉普和罗泽克方法基础上提出一个更科学的测度方法,称为 G-P 指标体系,该指标体系包括5个二级指标(保护期限、保护范围、权利丧失保护、国际条约成员、执法措施)和20个二级指标。G-P 指标体系是目前使用最广泛、最容易接受的跨国知识产权强度评价体系。(2006)在 G – P 指标体系的基础上构建了第一个药品专利保护强度指标体系,并对美国、英国、以色列和新加坡的药品专利保护强度进行测度。依据医药行业的特殊性,Pugatch 指标体系包含5个二级指标和22个二级指标。与之前研究相比,该指标体系的优点在于扩展了传统意义上药品专利的法律范畴,使得对药品专利保护强度的测度更科学。该方法的不足之处主要在于立法评价指标不够全面,且缺少执法指标。

(3)综合指标评分法。综合指标评分法就是综合上述两种方法的评分法。代表性的研究有:莱瑟(Lesser(2003)编制的指数体系包括5个一级指标,分别为是否达到 TRIPS 协议规定的专利保护客体最小范围、是否为 UPOV 和 PCT 成员国、专利局是否有相关的网页、专利保护支出费用和"腐败感觉指数"(CPI)。满足要求得1分,否则得0分。然后,利用因素分析法(factor analysis)来确定每个指标的权重,加权后得到的总值即为专利保护强度。与立法指标评价法相比,综合指标评分法的指标覆盖范围更全面,不仅包括保护客体和条约成员资格等立法方面的评价指标,还包括保护成本、管理和执行等执法方面的评价指标,评价结果能够更加真实地反映专利保护的实际情况。莱瑟指标的不足在于其立法指标过于宽泛,并且部分评价指标缺乏公正性。

5.3.2 中国药品专利保护强度测算指标设计思路

国外学者关于专利或知识产权保护强度测量的指标偏重于衡量立法方面的因素,这在西方发达国家是可行的,这些国家的司法体系比较健全,执法效率高,专利或知识产权的立法保护强度基本能够反映该国专利或知识产权的实际保护强度。而用国外专利或知识产权保护强度衡量方法来度量中国专利或知识产权的保护水平时,会出现中国的专利或知识产权保护水平能够达到国际发达国家水平而实际情况却非如此的状况。韩玉雄、李怀组(2005)和许春明、单晓光(2008)利用 G−P 指数测度中国专利保护水平,发现 2001 年中国专利保护水平已经达到绝大多数发达国家 1990 年的专利保护水平(略低于美国),已经超过了其他发展中国家的专利保护水平。而这一结果与中国实际的专利保护水平不相符。鉴于中国专利保护方面立法强度大、执法水平低的国情,他们提出中国专利保护强度应该由立法强度和执法强度两方面组成。

本书也从药品专利立法强度和执法强度两方面综合考察药品专利保护强度,药品专利保护强度是立法强度与执法强度的乘积,即:

$$ST(t) = L(t) \times E(t)$$

其中,$ST(t)$ 表示样本在 t 年度的药品专利保护强度。$L(t)$ 表示样本在 t 年度的药品专利保护立法强度,$E(t)$ 表示样本在 t 年度的药品专利保护执法强度,且 $E(t)$ 取值范围介于 0—1 之间,0 表示法律规定的专利条款完全没有执行,1 表示法律规定的专利条款被完全执行。因此,执法强度 $E(t)$ 是影响专利保护实际执行的效果变量,反映中国专利相关法律的实际执行情况。

借鉴 G-P 指标、普格特指标和姚领靖(2010)指标,构建中国的药品专利立法指标,其主要包括 6 个二级指标,分别是保护期限、保护范围、是否参与国际条约、司法适用原则、专利权排他强度和执行机制,每个二级指标满分设为 1 分,总分为 6 分。因此,药品专利立法强度取值在 0—6 之间,0 表示完全没有药品专利法律法规,6 表示有非常完善的药品专利法律法规。

借鉴莱瑟指标和许春明、单晓光指标构建中国药品专利执法指标,其主要包括4个二级指标,分别是行政保护及管理水平、经济发展水平、国际监督制衡和公众意识,每个二级指标满分为1分,然后,取四项得分的算术平均值,执法强度得分在0—1之间。

药品专利保护强度测算指标体系框架如图5-2所示。

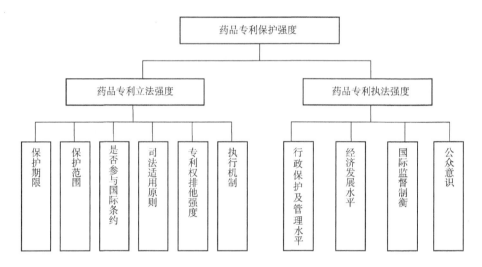

图5-2 药品专利保护强度指标体系

5.3.3 药品专利立法强度指标体系构建及其强度测量

中国的药品专利立法指标主要包括保护期限、保护范围、是否参与国际条约、司法适用原则、专利权排他强度和执行机制6个二级指标,22个三级指标。详细指标及其测度如下:

(1)保护期限。药品专利保护期的长短直接影响专利权人能否收回技术创新回报以及回报的多少。本书选取普格特指标中的保护期限指标,主要包括基本保护期、专利延展期、新指征数据排他期、新药数据排他期、儿童用药延长期和罕用药延长期6个指标。各指标标准期限分别为20年、5年、3年、10年、0.5年和7年。当一个国家的这些指标达到或超过标准期限时,得1分;若达不到标准年限,该指标得分为实际保护期限除以相应的标准年限。

(2)保护范围。随着社会的发展和科技的进步,药品专利的保护范围开始不断扩大。本书选取普格特指标中的保护范围指标,主要包括药品专利保护范围(产品专利与方法专利)、生物技术专利保护范围、实验数据保密范围、非依赖于实验数据 4 个指标,满足一项得 1/4 分,满足全部 4 项得 1 分。

(3)是否参与国际条约。签署国际条约和协议表示成员国愿意接受条约内容的限制。本书选取姚领靖(2010)指标中的国际条约成员指标,主要包括《保护工业产权巴黎公约》(又简称《巴黎公约》)、《专利合作条约》(Patent Cooperation Treaty,PCT)、《与贸易有关的知识产权协议》(简称 TRIPS 协议)、《生物多样性条约》(Convention on Biological Diversity,CBD)和《国际承认用于专利程序的微生物保存布达佩斯条约》(Budapest Treaty on the International Recognition of the Deposit of Microorganisms for the Purposes of Patent Procedure)简称《布达佩斯条约》5 个指标,参加 1 个国际条约获得 1/5 分,参加全部上述国际条约得 1 分。

(4)专利权排他强度。药品专利法律制度除了保护专利人权益之外,还强调药的社会作用和影响,为实现药品的可及性设置了合适的通道,即在一定条件下,排除专利权人对其药品的控制,从而实现药品的社会价值。这也是现代药品专利制度的核心价值。本书选取普格特指标中的专利权排他强度指标,主要包括强制许可、禁止平行进口和波拉(Bolar)条款 3 个指标,满足其中一项得 1/3 分,全部满足则得 1 分。

(5)司法适用原则。在以往的专利立法指标中没有涉及这一类指标,但在姚领靖(2010)指标中加入这一指标,并且这一指标更适合中国的专利立法情况,因此本书采纳姚领靖(2010)的做法,也加入"司法适用原则"指标。由于适用等同原则将药品专利的保护范围由单纯的字面描述延展到实际应用,加强了对专利权人的保护,因此,本书选取"等同原则"作为度量司法适用原则的指标,专利立法中采纳这一原则得 1 分,否则得 0 分。

(6)执行机制。药品专利侵权侵害的是一种特殊的权利,由此引起的民事案件也具有自身的特点。因此,建立和完善该类侵权案件的快速执行机制显得尤为必要和迫切。本书选取 G-P 指标(1997)和姚领靖(2010)指标中的"执法措施"指标,主要包括帮助侵权、诉前禁令和举证责任倒置指标,满足其中一项得 1/3 分,三项全部满足则得 1 分。

这里用 A、B、C、D、E、F 分别代表保护期限、保护范围、是否参与国际条约、专利排他强度、司法适用原则和执行机制。依此类推,各二级指标分别为 A1—A6,B1—B4,C1—C5、D1—D3、E3、F1—F3。在此基础上,对各指标赋予不同的权重,详见表 5 - 1。

表5-1 药品专利立法强度指标权重

二级指标	三级指标	分值		权重（%）	二级指标	三级指标	分值		权重（%）
		相关规定/符合	无相关规定/不符合				相关规定/符合	无相关规定/不符合	
保护期限（A）	基本保护期（A1）	实际期限/20	0	60	是否参与国际条约（C）	巴黎公约（C1）	1	0	20
	专利延长期（A2）	实际期限/5	0	10		PCT（C2）	1	0	20
	新药数据排他期（A3）	实际期限/10	0	10		TRIPS 协议（C3）	1	0	20
	新指征数排他期（A4）	实际期限/3	0	5		Budapest Treaty（C4）	1	0	20
	罕用药延长期（A5）	实际期限/7	0	10		CBD（C5）	1	0	20
	儿童用药延长期（A6）	实际期限/0.5	0	5	专利排他强度（D）	Bolar 条款（D1）	1	0	20
保护范围（B）	药品专利保护范围（产品专利与方法专利）（B1）	1	0	40		强制许可限制（D2）	1	0	40
	生物技术专利保护范围（B2）	1	0	20		禁止平行进口（D3）	1	0	40
	实验数据保密范围（B3）	1	0	20	执行机制（F）	诉前禁令（F1）	1	0	1/3
	非依赖于实验数据（B4）	1	0	20		帮助侵权（F2）	1	0	1/3
司法适用原则（E）	等同原则（E1）	1	0	1		举证责任倒置（F3）	1	0	1/3

5.3.4　药品专利执法强度指标体系构建及其强度测量

中国的药品专利执法指标主要包括 4 个二级指标,分别是行政保护及管理水平、经济发展水平、国际监督制衡与公众意识,每个二级指标 1 分,满分 4 分。

(1)行政保护及管理水平①。行政保护及管理是政府切实保障权利人知识产权的关键。政府的行政保护及管理水平主要取决于国家的法律体系,法律体系越健全,行政保护与管理职责就会越明晰,对知识产权的监督制约就越强,其负面影响就越小。通常情况下,一个国家法律体系的完善需要经历一段较长的时间,而今较为完备的西方国家的法律体系也是经过数百年的实践才逐步完善的。就中国情况而言,虽然中华人民共和国第一部宪法从 1954 年就开始实施,但现在的法律体系仍然有很多不足。

由于法律体系的完备程度与立法时间正相关,立法时间越长,司法与执法实践越充分,法律体系也越完备。所以,可以用立法时间来度量该国家法律体系的完备程度。国内学者韩玉雄和李怀祖(2005)、许春明和陈敏等(2008)、孙旭玉(2010)等都用"立法时间"来度量一个国家行政保护及管理水平。参照世界各国的立法史,假设一个国家法律体系的完善需要经历 100 年时间。当立法时间达到或超越 100 年时,行政保护及管理水平指标得 1 分;当立法时间小于100 年时,行政保护及管理水平指标得分为实际立法时间除以 100。

(2)经济发展水平。一个国家的经济发展水平与该国的专利保护水平呈正相关关系(Rapp & Rozek,1990),因此,一个国家的药品专利保护强度应该与该国的经济发展水平相适应。当一个国家的经济发展水平较低时,其专利保护的执法力度也必然较低。学术界常用人均国内生产总值这一指标来衡量一个国家的经济发展水平,在选择标准上韩玉雄、李怀组(2005)选取 1 000 美元,而之后学者(许春明和陈敏,2008 等)一般都选择 2 000 美元。在本书中该指标度量标准选取 2 000 美元:当人均国内生产总值达到或超过 2 000 美元时,该指标得1 分;若低于 2 000 美元,其得分为实际值除以 2 000 美元。

(3)国际监督制衡。随着经济全球化的发展,专利保护不仅仅是一个国家的问题,更是一个国际性的问题。世界贸易组织将专利保护作为其三大支柱之一,并在其框架下具体地规定了专利保护的最低标准以及解决争端机制。世界知识产权组织(WIPO)是专利领域实施有效国际合作举措的重要国际组织和联

---

① 许春明,单晓光.中国知识产权保护强度指标体系的构建及验证[J].科学学研究,2008(8).

合国专门机构。世界卫生组织(WHO)是联合国系统内卫生问题的指导和协调机构,其主要职责是鼓励企业和政府进行药品研发,提高患者的药品可及率。加入这些组织可以提升参与国的专利执法意识,不断努力适应国际专利保护的要求。因此,可以用其是否为 WTO、WIPO 和 WHO 成员作为对国际监督制衡的度量指标。加入一个上述国际组织得 1/3 分,三项全部加入得 1 分。

(4)公众意识。社会公众的专利权意识是药品专利法律实施的基础。由于国内民众的专利权意识淡薄,专利侵权现象泛滥,高水平的专利立法不能有效地保护专利持有人的合法权益。通常可以认为,受教育程度与专利保护意识存在正相关关系,社会公众受教育程度越高,其专利权保护意识也会越强。对于社会公众知识产权保护意识的度量,大多数国内学者选取"成人识字率"这一指标(许春明、单晓光,2008;孙旭玉,2010 等),本书也采用这一方法。发达国家成人识字率均超过 95%,因此,当成人识字率[①]达到或超过 95% 时,该指标得 1分;当小于 95% 时,该指标得分为实际数值除以 95%。

用 G、H、I、J 分别代表行政保护及管理水平、经济发展水平、国际监督制衡和公众意识。依此类推,用 G1、H1、I1—I3、J1 分别代表相应的三级指标。在此基础上,对各指标赋予不同的权重,详见表 5 – 2。

表 5 – 2 药品专利执法强度指标权重

二级指标	三级指标	分值与计算	权重
行政保护及管理水平(G)	立法时间(G1)	G1 < 100 年时,为实际数值/100;G1 ≥ 100 年时,为 1	1/4
经济发展水平(H)	人均国内生产总值(H)	H1 < 2 000 美元时,为实际数值/2 000;H1 > 2 000 美元时,为 1	1/4
国际监督制衡(I)	WTO(I1)	1/3	1/4
	WIPO(I2)	1/3	
	WHO(I3)	1/3	
公众意识(J)	成人识字率(J1)	J1 < 95% 时,为实际数值/95%;J1 ≥ 95% 时,为 1	1/4

---

① 成人识字率 = 1 – 文盲率。文盲率即为 15 岁及 15 岁以上文盲(不识字)及半文盲(识字很少)人口占 15 岁及 15 岁总人口的比重。

5.3.5　中国药品专利保护强度的测量

（1）数据来源。本书中度量药品专利立法强度的指标数据主要来源于中国专利法相关内容；而药品专利执法指标中，成人识字率和人均国内生产总值两个指标根据历年《中国统计年鉴》的数据计算得出，国际监督制衡指标主要依据中国加入相关组织的时间来确定。

（2）中国药品专利保护强度的测量。本书测算了1995—2011年中国药品专利的立法强度、执法强度和药品专利保护强度指数，计算结果如表 5 － 3 所示。图 5 － 3 显示了1995—2011年间中国药品专利的立法强度、执法强度和保护强度的变化轨迹。

表 5 － 3　1995—2011 年中国药品专利保护强度[①]

指标\年份	立法强度	执法强度	保护强度	指标\年份	立法强度	执法强度	保护强度
1995	3.333	0.560	1.865	2004	4.927	0.797	3.928
1996	3.333	0.575	1.917	2005	4.927	0.828	4.080
1997	3.333	0.588	1.960	2006	4.927	0.869	4.280
1998	3.333	0.591	1.969	2007	4.927	0.874	4.304
1999	3.333	0.603	2.010	2008	4.927	0.878	4.324
2000	3.333	0.621	2.069	2009	4.727	0.882	4.169
2001	4.667	0.720	3.360	2010	4.727	0.890	4.207
2002	4.927	0.744	3.668	2011	4.727	0.892	4.216
2003	4.927	0.766	3.774				

在药品专利立法方面，从1995年的3.333提高到2008年的4.927，之后略降为2011年的4.727。在1995—2011年期间，药品专利有两次明显的变化，分别是2001—2002年期间与2009年，这主要是因为中国专利法修改过程中药品保护的相关内容发生了变化。2001—2002年，新药数据排他期、实验数据保密范围、诉前禁令和等同原则的立法，使得中国的药品专利立法强度得到进一步

[①]　1995—2011 年中国药品专利立法强度与执法强度指标得分见附件5 和附件6。

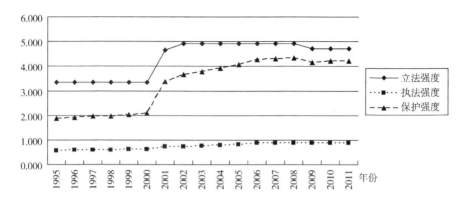

图 5 - 3 1995—2011 年中国药品专利保护强度

提高,由 2000 年的 3.333 提高到 2002 年的 4.927,这一趋势一直持续到 2008 年。2009 年第三次专利法修改,在《专利法》中引入"波拉(Bolar)条款"才使得这一趋势有所下降(4.727)。关于《专利法》中引入了"波拉(Bolar)条款"的时间,本书与姚颉靖(2012)不同,他的研究中将"波拉(Bolar)条款"的引入时间定为 2008 年(此时间是专利法确定第三次修改的时间),而本书认为"波拉(Bolar)条款"引入时间应为 2009 年(此时间是第三次修改后《专利法》生效的时间)。

在药品专利执法方面,增长趋势明显,从 1995 年的 0.560 持续提高到 2011 年的 0.892。随着中国经济发展水平的大幅提升,公众意识日益增强,立法体系日趋完善,使得药品专利的执法强度不断提高。特别是 2000 年中国加入世界贸易组织以后,中国的药品专利保护得到显著提高。

在药品专利保护方面,中国药品专利保护强度不断提高,从 1995 年的 1.865 提高到 2011 年的 4.216。1995 年,药品专利的立法强度为 3.333,已经达到比较高的水平,但因为其专利执法强度只有 0.560,相当于仅有一半的专利保护立法得到了执行,使得 1995 年的药品专利实际保护强度仅为 1.865。随着经济和法律的不断发展,药品专利执法强度不断提高,中国的药品专利实际保护强度也不断加强。2011 年药品专利实际保护强度达到 4.216,是 1995 年药品专利保护强度的两倍多。陈丽静(2012)研究得出,2009 年中国知识产权保护强度已接近于美国的 1960 年,意大利和日本的 1975 年,韩国的 1985 年,新加坡的 1995 年,印度的 2005 年的水平。姚颉靖(2012)研究得出,2007 年中国药品专利保护水平已经接近世界平均水平,但与美国、加拿大、法国等发在国家仍有较大差距。

总体而言,中国的药品保护强度仍远低于欧美等发达国家。除了继续完善药品专利立法外,更应加快提高专利执法水平,进而促进药品专利保护强度的提高。

(3)各地区药品专利保护强度的测量。中国区域间经济发展不平衡、文化差异较大,因此各地区的药品专利保护强度也存在较大差异。为全面反映中国药品专利保护强度,采取有效措施提高药品专利保护水平,对各地区的药品专利保护强度进行测量尤为必要。因此,本书在全国药品专利保护强度测量的基础上进一步对各地区的药品专利保护强度进行测量。

虽然各地区有地方立法权,但有关药品专利的立法主要由国家统一进行,各地区只能制定药品专利相关立法的具体实施细则。因此,本书忽略地方立法权,认为各个地区的立法强度与全国一致。因此,各地区的药品专利立法强度与全国的药品专利立法强度一致。这样一来,各地区的药品专利保护强度差异主要体现在各地区药品专利执法强度上。同样采用反映中国药品专利执法强度的四个指标来测度各地区的药品专利执法强度。其中,立法时间、国际监督指标的得分值仍为统一的全国的立法时间、国际监督制衡得分。各地区的人均国内生产总值、成人识字率根据历年《中国统计年鉴》中的数据计算得出。

鉴于数据的可获得性,本书选取2002—2011年的数据来测算中国各地区的药品专利保护强度,结果如表5-4所示。从表5-4中可以看出,2002—2011年中国各地区的药品专利保护强度不断提高,但是不论是药品专利保护强度的绝对值还是其增长速度,都呈现出较大差异。总体上看,经济发达省份的药品专利保护强度高于经济落后省份。将2002年中国各地区的药品专利保护强度按照均值进行排序,排名前十位的地区分别是北京、天津、上海、浙江、广东、辽宁、江苏、福建、山东、黑龙江,几乎都是东部沿海地区,并且均高于全国的平均水平;排名后五位的地区分别是青海、云南、甘肃、贵州、西藏,均为西部地区。其中,北京药品专利保护强度最高(4.282),是药品专利保护强度最低的西藏(3.006)的1.42倍。药品专利保护强度最高的上海和北京两市的药品专利保护水平高出全国平均水平约17%。

表 5 - 4 2002—2011 年各地区药品专利保护强度①

年份\地区	2002	2003	2004	2005	2006	2007	2008	2009	2010	2011
全国	3.668	3.774	3.928	4.080	4.280	4.304	4.324	4.169	4.202	4.216
北京	4.282	4.304	4.306	4.319	4.331	4.343	4.356	4.191	4.202	4.216
天津	4.264	4.281	4.306	4.326	4.331	4.343	4.356	4.191	4.202	4.216
河北	3.685	3.799	3.985	4.165	4.317	4.332	4.362	4.196	4.202	4.216
山西	3.563	3.700	3.869	4.035	4.219	4.343	4.356	4.191	4.202	4.216
内蒙古	3.552	3.701	3.958	4.241	4.279	4.306	4.319	4.164	4.202	4.216
辽宁	4.020	4.132	4.253	4.326	4.331	4.343	4.356	4.191	4.202	4.216
吉林	3.698	3.795	3.933	4.084	4.315	4.354	4.356	4.191	4.202	4.216
黑龙江	3.744	3.848	4.008	4.162	4.336	4.343	4.356	4.191	4.202	4.216
上海	4.245	4.287	4.291	4.320	4.337	4.343	4.356	4.191	4.202	4.216
江苏	4.005	4.176	4.205	4.258	4.279	4.306	4.321	4.167	4.202	4.220
浙江	4.175	4.192	4.202	4.233	4.268	4.281	4.303	4.157	4.199	4.203
安徽	3.314	3.429	3.520	3.558	3.730	3.938	4.237	4.091	4.165	4.176
福建	3.905	4.022	4.172	4.220	4.254	4.267	4.290	4.152	4.202	4.216
江西	3.414	3.518	3.629	3.729	3.910	4.167	4.341	4.195	4.202	4.216
山东	3.817	3.942	4.202	4.227	4.282	4.306	4.322	4.164	4.207	4.198
河南	3.484	3.561	3.724	3.882	4.074	4.310	4.330	4.175	4.202	4.210
湖北	3.477	3.602	3.732	3.868	4.073	4.300	4.325	4.160	4.212	4.208
湖南	3.512	3.587	3.729	3.839	4.022	4.316	4.349	4.194	4.202	4.216
广东	4.171	4.265	4.286	4.310	4.334	4.343	4.356	4.191	4.202	4.216
广西	3.410	3.476	3.594	3.690	3.873	4.100	4.352	4.194	4.202	4.216
海南	3.583	3.653	3.779	3.869	4.035	4.279	4.313	4.160	4.202	4.221
重庆	3.510	3.625	3.701	3.938	4.120	4.309	4.324	4.168	4.202	4.219
四川	3.382	3.472	3.582	3.597	3.826	4.093	4.292	4.143	4.201	4.191
贵州	3.119	3.152	3.245	3.264	3.383	3.555	3.840	3.803	4.123	4.128
云南	3.219	3.290	3.453	3.483	3.644	3.831	4.136	4.076	4.194	4.172

---

① 2002—2011 年各地区药品专利执法强度指标得分见附件7。

续表

年份 地区	2002	2003	2004	2005	2006	2007	2008	2009	2010	2011
西藏	3.006	2.933	3.176	3.254	3.382	3.683	3.935	3.765	3.965	3.913
陕西	3.375	3.500	3.646	3.819	4.030	4.297	4.319	4.168	4.202	4.216
甘肃	3.200	3.272	3.381	3.448	3.556	3.768	4.037	3.991	4.161	4.159
青海	3.280	3.374	3.504	3.599	3.837	4.117	4.209	4.074	4.142	4.149
宁夏	3.387	3.479	3.625	3.692	3.903	4.228	4.294	4.134	4.192	4.177
新疆	3.642	3.773	3.896	4.034	4.241	4.343	4.365	4.191	4.202	4.216

从图 5 - 4 和图 5 - 5 中可以看出:第一,2002 年各地区的药品专利保护强度存在差异,大致呈现出"东高、西低"的态势。第二,各地区的药品专利保护强度与全国总体保护强度的差异在缩小,趋向于全国水平。第三,2011 年各地区间的药品专利保护强度的差异很小,各地区差异不显著。

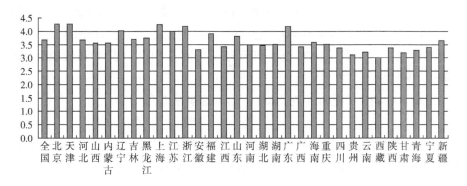

图 5 - 4　2002 年全国及 31 个省(市、区)药品专利保护强度

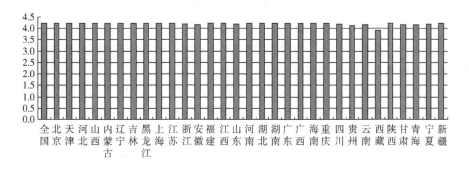

图 5 - 5　2011 年全国及 31 个省(市、区)药品专利保护强度

综上所述,中国各地区药品专利保护强度的差异基本反映了各地区药品专利保护的实际情况。各地区经济发展水平、教育文化等方面的差异导致药品专利执法强度的差异,使得各地区的药品专利保护强度呈现出"东高、西低"的趋势。西部地区药品专利保护强度的快速提高和中部地区药品专利保护强度的增速趋缓也进一步影响了这两个地区的制药产业技术创新的变化,进而影响了两个地区的制药产业发展。

5.4　药品专利保护对制药产业技术创新投入激励效应实证分析

5.4.1　模型设定与变量选取

关于专利制度与技术创新活动的研究,沃尔特·帕克(Walter G. Park)一直走在前列,其构建的模型也最为经典。艾瑞德和帕克(Allred,Park 2007)在运用国家层面和企业层面的数据研究专利保护和创新活动的关系时,将专利保护对技术创新活动的影响分为专利保护对技术创新投入的影响和专利保护对技术创新产出的影响。运用 G-P 指数测算专利保护强度,通过构建两个比较经典的模型分别考察专利保护对企业研发经费内部支出和一国专利授权数量的影响。

艾瑞德和帕克专利保护对 R&D 支出的影响模型为:

$$ln(\text{R\&D})_{int} = \gamma_0 + \gamma_1 lnPRI_{int} + \gamma_2 (lnPRI)^2 + \lambda_3 lnZ_{int} + \varepsilon_{int} \tag{5.7}$$

其中,研发是某个国家的企业的研发经费内部支出,PRI 是专利保护强度指数,Z 是控制变量,ε 是随机误差项,t 表示时间,n 表示不同国家。控制变量 Z 包括企业销售收入、实际 GDP 和行业虚拟变量。

模型(5.7)中加入了专利保护强度指数 PRI 的二次项,艾瑞德和帕克认为,加强专利保护对研发可能有正面影响,也有可能存在负面影响,有可能净影响为零。同时,还存在另外一种可能:专利保护带来的正面或负面的影响依赖于既定的专利保护强度水平。因此,他们将模型设定为非线性模型,从而考察专利保护的正负两方面的影响。

在艾瑞德和帕克(2007)模型(5.7)的基础上,为了衡量药品专利保护对制药产业是否有效,本书构建了药品专利保护对制药产业技术创新的影响的动态面板模型:

$$Innov_{it} = cont + \beta_1 ipp_{it} + \beta_2 innov_{it-1} + \beta_3 asale_{it} + \beta_4 profit_{it}$$
$$+ \beta_5 firm_{it} + \beta_6 dem_{it} + p_i + u_t + \varepsilon_{it} \tag{5.8}$$

为了考察对制药产业技术创新的影响是否具有非线性关系,在模型(5.8)中加入专利保护变量的二次项(ipp_{it}^2),得到模型(5.9)。

$$Innov_{it} = cont + \beta_1 ipp_{it} + \beta_2 innov_{it-1} + \beta_3 asale_{it} + \beta_4 profit_{it}$$
$$+ \beta_5 firm_{it} + \beta_6 dem_{it} + \beta_7 ipp_{it}^2 + p_i + u_t + \varepsilon_{it}$$

(5.9)

其中,$Innov_{it}$表示省份 i 第 t 年制药产业的技术创新情况;$Innov_{it-1}$表示被解释变量的滞后一期;ipp_{it}表示省份 i 第 t 年药品专利保护强度;$asale_{it}$表示省份 i 第 t 年的企业平均规模;$profit_{it}$表示省份 i 第 t 年制药产业的利润;$firm_{it}$表示省份 i 第 t 年制药产业的市场竞争程度;dem_{it}表示省份 i 第 t 年制药产业的国内市场需求;p_i 表示省份固定效应,是一个不随省份的变化而变化的变量;u_t 解释了所有没有被包括在回归模型中而与时间有关的效应,用以控制各省份共同面临的产业创新宏观环境;ε_{it},是随机误差项。

本书选取了研发经费内部支出($Innov\text{-}rd$)和研发活动人员折合全时当量($Innov\text{-}hum$)为被解释变量来反映制药产业的技术创新。技术创新具有典型的黏性效应,即上一年的技术创新数量对当年的技术创新产生影响(詹宇波等,2010),因此,本书用滞后一期的被解释变量来反映技术创新的黏性效应。模型中其他变量含义见表5-5。

表5-5 变量的定义及符号

变量类型	变量名称	含义	符号
被解释变量	技术创新经费投入	研发经费内部支出	$Innov\text{-}rd$
	技术创新人员投入	研发活动人员折合全时当量	$Innov\text{-}hum$
关键解释变量	技术创新的黏性效应	技术创新的滞后一期	$Innov\_1$
	药品专利保护强度	依据药品专利保护强度指标体系	ipp
控制变量	企业规模	医药制造业主营业务收入/医药制造业企业个数	$asale$
	市场竞争	医药制造业企业个数	$firm$
	市场需求	新产品产值	dem
	企业利润	企业平均利润=医药制造业利润/医药制造业企业个数	$profit$

5.4.2 数据来源与描述统计

本书选取 2002—2011 年期间,除新疆、青海、西藏、海南之外的 27 个省

（市、区）的面板数据①。其中,技术创新、企业规模、市场竞争、企业利润的变量数据来源于历年的《中国高技术产业统计年鉴》;国内市场需求变量数据来源于历年的《中国统计年鉴》。药品专利制度(保护)指标数值来源于上一节数据(表5－4)。为了消除价格因素对变量的影响,本书使用各地区2002—2011年"工业品出厂价格指数"(2002＝100)对技术创新、企业规模、市场竞争、市场需求、企业利润指标进行价格平减,使所有变量均以2002年价格进行计量,以消除价格波动对变量的污染。

表5－6是本书模型变量的描述性统计,变量 *Innov-hum*、*Innov-rd*、*asale*、*firm*、*dem* 和 *profit* 的最大值和最小值之差与标准差都较大,为了降低异方差,本书中分别对其取对数。取对数后的统计结果显示,*lnInnov-hum*、*lnInnov-rd*、*lnasale*、*lnfirm*、*lndem* 和 *lnprofit* 的最大值和最小值之差与标准差都明显降低,提高了数据结构的对称性。从数值上看,技术创新投入指标和药品专利制度都具有显著差异。

表5－6 变量的描述性统计

变量名称	变量符号	观测值	均值	标准差	最小值	最大值
技术创新经费投入	*Innov-hum*	270	1 415.73	1 892.467	6	12 577
	lnInnov-hum	270	6.58	1.25	1.79	9.44
技术创新人员投入	*Innov-rd*	270	23 077.57	35 846.68	15	292 407
	lnInnov-rd	270	9.16	1.51	2.71	12.59
企业规模	*asale*	270	8 794.16	5 097.67	2 273	36 024
	lnasale	270	8.94	0.54	7.73	10.49
市场竞争	*firm*	270	199.58	140.784	6	720
	lnfirm	270	5.023	0.834	1.79	6.58
市场需求	*dem*	270	294 689.5	456 133.9	4	3 419 319
	lndem	270	11.67	1.69	1.39	15.04
企业利润	*profit*	270	966.33	738.98	107	4 907
	lnprofit	270	6.61	0.75	4.67	8.50
药品专利	*ipp*	270	4.04	0.31	3.12	4.36

---

① 新疆、青海、西藏、海南这四个省区的数据有缺失,为了使研究更严谨,本书剔除了这四个省区的变量数据。

模型变量的相关性分析见表5-7。相关系数的符号表明,技术创新投入与企业规模、市场竞争、市场需求、企业利润、药品专利正相关,且与研究假设基本预测一致。相关系数的显著性表明,所选解释变量与控制变量能够很好地解释被解释变量的变化。

表5-7 主要变量的相关系数表

	lnInnov-rd	lnInnov-hum	lnfirm	lnasale	lndem	lnprofit	ipp
lnInnov-rd	1						
lnInnov-hum	0.955 7*	1					
lnfirm	0.698 1*	0.698 9*	1				
lnasale	0.701 7*	0.670 6*	0.229 1*	1			
lndem	0.636 2*	0.590 9*	0.148 4*	0.877 0*	1		
lnprofit	0.575 5*	0.523 3*	0.349 9*	0.473 7*	0.437 0*	1	
ipp	0.584 9*	0.538 9*	0.361 8*	0.589 1*	0.524 4*	0.694 7*	1

注:表中为 Pearson 相关系数,度量技术创新经费投入与人员投入其他影响因素的相关程度。* 表示在5%的置信区间内显著相关。

5.4.3 内生性问题与 GMM 估计方法

实证模型中引入被解释变量的滞后项会造成严重的内生性问题,由此造成参数估偏误,采用由艾瑞德和博弗(Arellano,Bover,1995)提出并由布伦德尔和邦德(Blundell,Bond,1998)改进的动态面板系统 GMM 估计方法能够很好地解决变量的内生性问题。系统 GMM 估计可以分为一步估计和两步估计,而两步估计标准差存在向下偏倚的问题,虽然经过修正其偏倚会减小,但两步 GMM 估计量的渐进分布会变得不可靠。因此,本书使用一步系统 GMM 方法对实证模型进行回归分析。

在动态面板 GMM 估计过程中,通过异方差检验发现模型存在组间异方差,在模型估计时,用 Robust 选项进行修正。因此,在矩条件的过度识别检验中,用 Hansen 检验代替了 Sargan 检验来检验工具变量的有效性。对模型(5.8)和模型(5.9)的估计结果详见表5-8和表5-9。本书选择了所有解释变量作为工具变量,Hansen 检验结果显示选取的工具变量有效;Arellano-Bond 检验结果显示,扰动项(残差项)的差分存在一阶自相关,但不存在二阶自相关,因此本书选择一步 GMM 估计效果较好。

5.4.4　估计结果与分析

表5－8和表5－9的估计结果显示了药品专利保护对技术创新投入(经费投入和人员投入)的影响估计结果。从一步差分 GMM 估计和一步系统 GMM 估计的系数看,被解释变量一阶滞后项的系数均显著,这表明前一期的技术创新投入当期的技术创新投入有较大影响,也可以说,技术创新投入的黏性很强。表5－7和表5－8中,一步系统 GMM 的 Hansen 检验的 p 值相对于一步差分 GMM 估计得到了提高,说明一步系统估计提高了估计效率,从估计结果的显著性也可以得出一步系统 GMM 估计效果优于一步差分 GMM。因此,下面将主要针对一步系统 GMM 估计的结果进行分析。

(1)药品专利保护与技术创新投入关系。

表5－8　药品专利制度对技术创新投入影响的 GMM 估计

解释变量＼被解释变量	lnInnov-rd		lnInnov-hum	
	(1) 一步系统 GMM	(2) 一步差分 GMM	(3) 一步系统 GMM	(4) 一步差分 GMM
$(lnInnov\text{-}rd)_{t-1}$	0.223* (0.137)	0.044 (0.187)		
$(lnInnov\text{-}hum)_{t-1}$			0.271*** (0.052)	0.052 (0.124)
lnasale	0.293 (0.241)	0.601* (0.350)	0.242 (0.160)	0.522*** (0.176)
lnfirm	0.550*** (0.122)	0.690 (0.534)	0.429*** (0.058)	0.460 (0.296)
lndem	0.230*** (0.037)	0.174*** (0.056)	0.178*** (0.038)	0.156** (0.066)
lnprofit	0.405*** (0.126)	0.386*** (0.098)	0.301*** (0.107)	0.363*** (0.082)

解释变量 被解释变量	*lnInnov-rd*		*lnInnov-hum*	
	(1) 一步系统 GMM	(2) 一步差分 GMM	(3) 一步系统 GMM	(4) 一步差分 GMM
ipp	0.198 (0.264)	0.100 (0.376)	0.147 (0.233)	0.252 (0.321)
constant	-4.410 *** (1.431)		-4.177 ** (0.952)	
AR(1)	0.003	0.000	0.005	0.007
AR(2)	0.784	0.620	0.258	0.581
Hansen 检验	0.996	0.926	0.992	0.883
观测数	270	270	270	270

注:表5-8中的GMM估计是在stata 11.0中嵌入"xtabond2"程序进行的。AR(1)、AR(2)、Hansen检验给出的都是统计量对应的p值;括号数据为异方差稳健标准误。***、**、*分别表示在1%、5%和10%的水平上显著。

　　首先分析药品专利保护对技术创新投入的影响。由表5-8中的估计结果可以看出,药品专利保护变量对技术创新投入影响的估计系数为正,但是均不显著。这说明药品专利保护与技术创新虽然有正相关关系,但是它们之间不是简单的线性关系,在后续研究中将考察药品专利保护对技术创新影响的非线性关系。

　　其次分析其他控制变量与技术创新的关系。前期的技术创新投入对当期技术创新投入的黏性显著,研发经费的黏性在10%的水平显著,研发人员投入的黏性在1%的水平上显著,见表5-8估计(1)和估计(3)。制药企业的规模与技术创新投入呈正相关,但是不显著,且制药企业的规模与技术创新也不存在非线性的关系。企业利润、市场竞争与制药企业技术创新投入呈正相关关系,且均在1%的水平上显著。

　　(2)药品专利保护与技术创新非线性关系。为了考察中国药品专利制度与制药企业技术创新之间是否存在非线性关系,在模型中引入了药品专利保护强度二次项(ipp^2),表5-9给出了相关的估计结果。

从表 5 - 9 的估计结果来看,中国药品专利制度与制药企业技术创新之间并非简单的正相关关系。当在模型中加入药品专利保护强度的二次项(ipp^2)后,药品专利保护系数仍显著为正,二次项在 10% 的水平上显著为负(详见表 5 - 9)。这表明,尽管药品专利保护力度的加强促进了企业技术创新,但随着药品专利保护力度的提升,专利制度促进技术创新的"专属效应"存在边际递减性,当药品专利保护力度超过最优阈值后,更严厉的药品专利保护会提高药品价格,强化专利拥有者的利益攫取,阻碍制药技术的良性传播与转化,导致重复的技术创新努力与投资,这不利于制药产业的技术创新和社会福利的提高。这一结论无疑为"最优专利制度假说"提供了经验证据,也证实了假设 5 - 2。

通过比较表 5 - 8 和表 5 - 9 中的药品专利系数和显著性可以发现,模型中未加入药品专利保护的二次项时,药品专利保护系数为正,但显著性较差;在模型中加入药品专利保护的二次项后,药品专利保护及其二次项的系数在 10% 水平上显著(被解释变量为 *lnInnov-rd* 时,在 5% 水平上显著;被解释变量为 *lnInnov-hum* 时,在 10% 水平上显著),药品专利保护系数显著为正,而其二次项系数显著为负(见表 5 - 9)。由此可见,模型中加入药品专利保护的二次项能够提高药品专利保护与技术创新之间的显著性;同时也得出,虽然药品专利制度的不断完善有利于技术创新,但是这种激励效应呈现出明显的非线性门槛特征。造成这种门槛特征的原因可能有两个:第一,市场结构中研发部门占较大比重或者对研发产品的需求充足是通过专利保护激励更多技术创新行为的重要前提(Eicher & Penasole,2008);第二,专利保护与技术创新之间可能存在某种非线性关联,这一观点是很多学者从不同的角度研究得出的结论。

为增强估计的稳健性,进一步采用门槛模型验证技术创新决定过程中是否存在 ipp 变量的结构突变点,从而判断是否存在门槛效应。表 5 - 10 给出了相应的门槛效应的稳健性检验结果。从表 5 - 10 可以看出,检验结果在 1% 水平上不能拒绝不存在门槛效应的原假设,然而在 10% 水平上拒绝了不存在门槛效应的原假设,但不能拒绝仅存在一个门槛值的假设。也就是说,在 10% 水平上药品专利保护对技术创新存在单门槛效应。从门槛值来看,门槛值大于 8,而中国目前药品专利保护最大值为 4.38,因此,完善药品专利制度、提升专利保护力度,仍是激励制药企业技术创新的有效途径。

表 5 - 9   药品专利保护对技术创新投入的门槛效应检验

解释变量 ＼ 被解释变量	lnInnov-rd		lnInnov-hum	
	（1）一步系统 GMM	（2）一步差分 GMM	（3）一步系统 GMM	（4）一步差分 GMM
$(lnInnov\text{-}rd)_{t-1}$	0.215 * (0.138)	0.027 (0.182)		
$(lnInnov\text{-}hum)_{t-1}$			0.270 * * * (0.053)	0.052 (0.119)
lnasale	0.304 (0.234)	0.566 * (0.323)	0.243 (0.159)	0.464 * * * (0.166)
lnfirm	0.568 * * * (0.083)	0.624 (0.491)	0.435 * * * (0.058)	0.362 (0.268)
lndem	0.123 * * * (0.140)	0.162 * * * (0.058)	0.175 * * * (0.038)	0.145 * * (0.066)
lnprofit	0.227 * * * (0.035)	0.371 * * * (0.100)	0.298 * * * (0.103)	0.359 * * * (0.092)
ipp	7.702 * * (3.768)	11.811 * * (5.313)	5.051 * (2.644)	10.013 * (5.887)
ipp^2	- 0.959 * * (0.478)	- 1.467 * * (0.672)	- 0.626 * (0.338)	- 1.219 * (0.733)
constant	- 18.978 * * (7.267)		- 13.647 * * * (5.311)	
AR(1)	0.004	0.019	0.005	0.008
AR(2)	0.646	0.517	0.272	0.594
1qHansen 检验	0.993	0.873	0.987	0.907
观测数	270	270	270	270

注:表 5 - 9 中的 GMM 估计是在 stata 11.0 中嵌入"xtabond2"程序进行的。AR(1)、AR(2)、Hansen 检验给出的都是统计量对应的 p 值;括号数据为异方差稳健标准误。 * * *、* *、* 分别表示在 1%、5% 和 10% 的水平上显著。

表 5 - 10   药品专利对技术创新门槛效应的稳健性检验

	门槛值	SSR	LM 检验	自举 p 值
技术创新经费投入	$\lambda_1 = 8.330$	54.625 7	7.352 3	0.015 0
技术创新人员投入	$\lambda_1 = 8.669$	53.534 2	7.352 3	0.105 0

6 中国制药产业技术创新激励效应比较研究

第 4 章和第 5 章从实证的角度验证了新药规制和药品专利保护对制药产业技术创新投入的激励效应。本章主要从定性描述和变化趋势的角度，研究新药规制政策和药品专利制度对制药产业技术创新投入和产出的激励效果。

6.1 中国新药规制政策和药品专利制度的历史演变及现状

6.1.1 中国药品注册管理的历史演变和现状

人们与"药品事故"的斗争过程，也是药品注册管理制度不断完善的过程。药品注册管理制度的发展与完善不仅与新药评价技术与方法的发展紧密相关，还和激烈的药品国际贸易不可分割。

（1）药品注册管理制度的历史变革。中国药品注册管理的发展道路十分曲折，经历了由分散到集中、由粗放式的行政管理到科学化、法制化的管理过程。中华人民共和国成立初期，中央政府组建了药品检验所药典委员会，并于 1953 年颁布了中国第一部《中国药典》规范和管理药品上市。

1959 年，中央政府批准了卫生部《关于药品生产管理及质量问题的报告》，该报告规定：未经卫生行政部门批准的、未经严格检验的药品不准上市销售，非制药企业或单位不准生产药品。

1965 年，卫生部联合国家科委等相关部门制定了《药品新产品管理办法》，由此中国药品注册管理初具雏形。此法规中第一次明确给出了新药定义和临床试验、生产审批的详细要求。

1984 年 9 月 20 日，中国颁布了第一部《药品管理法》，并于 1985 年 7 月 1 日开始执行，该法律成为中国第一部药品审评制度相关法律。同年 7 月，卫生部又相继颁发了与新药和进口药品相关的注册法律法规，包括《新药审批办法》《新生物制品审批办法》《进口药品管理办法》。这些法律规定明确规定卫生部和各省级卫生部门的职责,填补了药品市场准入的法律空白,初步建立了药品注册管理的法规体系,为实现上市药品的安全有效奠定了基础。

自1998年起,国家药品监督管理局负责药品监督工作之后相继修订发布了一系列药品注册及管理的法律法规,主要涉及新药、仿制药与进口药品审批、药品的临床试验与非临床试验、药品质量和不良反应监测等内容。国家药品监督管理局的这一举措,明确了其在药品注册审批中的地位,使中国药品注册管理的法规体系日益健全并逐渐与国际接轨。

2001年中国加入世界贸易组织之后,根据世界贸易组织协议之一《与贸易有关的知识产权协定》的宗旨、准则和有关具体规定,结合《药品管理法》《药品管理法实施条例》,国家药品监督管理局于2002年10月制定了《药品注册管理办法(试行)》,并于2002年10月1日起施行。《药品注册管理办法(试行)》及其附件替代了国家药品监督管理局在1999年发布的一系列与药品注册管理相关的政策法规,取消了地方药品标准与药品批准号,统一使用国家药品批准文号。

2004年7月1日,国家食品药品监督管理总局对《药品注册管理办法(试行)》进行了第一次修订,并于2005年2月正式颁布了《药品注册管理办法》,自2005年5月1日起正式生效。

2007年7月10日,国家食品药品监督管理总局首次修订《药品注册管理办法》,并于2007年10月1日生效。此次修订的亮点在于:第一,明确药品注册管理的目的是从源头上保证药品安全,重新设计与完善药品审批程序,引导企业进行药品生产;第二,保障原创性新药得到实质性的支持与保护;第三,强化药品申请人的经济和社会责任,提高药品控制质量和仿制药品标准等,提高药品的安全性和有效性。

2009年8月,国家食品药品监督管理总局颁布了《药品技术转让注册管理规定》。该规定涉及新药与药品生产相关技术转让规定两部分内容,规范了药品技术的转让要求和流程,有利于激励药品技术创新。

2016年3月,国家食品药品监督管理总局颁布了《化学药品注册分类改革工作方案》。该方案鼓励新药创制,严格审评审批,提高药品质量,调整化学药品注册分类类别,使得原来的六个类别缩减为现在的五个类别,提高了药品的创新程度,遏制了通过修改剂型、包装和规格的"假新药注册"。2016年7月,发布《药品注册管理办法(修订稿)》并向社会公开征求意见。修订版较上一版《药品注册管理办法》最大的修改之处在于对于药品审评相关工作的细化和进一步明确。

《药品注册管理办法(修订稿)》增加的最主要内容包括:其一,明确药审的原则为"透明、清晰、一致和可预见性";其二,"鼓励以临床价值为导向的药物创新,对依法需要加快审评的药物优先审评";其三,"建立基于风险的技术审评、现场检查和注册检验制度";其四,建立沟通交流制度,明确关于药审进展信息的定期公布;其五,"省级以上食品药品监管部门建立专家咨询制度",增加对于专家咨询会意见作为技术审评结论的重要参考;其六,建立争议解决机制;其七,对于报送虚假药品注册申报资料和样品的注册申请不予批准,并对申请人进行相应的追责制度。

(2)中国药品注册管理现状。目前,中国批准上市的药品有170 000余个,数量堪称世界第一,但绝大部分属于仿制药,而且品种雷同多,自主创新的药品很少。例如,六味地黄系列产品共有905个,生产企业超过100家;头孢氨苄片有372个,胶囊有670个,颗粒剂也有162个,生产的企业超过300家。

2006年全年批准新药临床申请1 426件,新药生产申请1 803件,新药补充申请728件。2008年中国批准注册药品1 667个,其中新药5个,其他新药160个,仿制药1 502个,仿制药占了90%。这个数字基本反映了中国药物创新的现状。

为了鼓励和引导药物创新,2008年以来,我国陆续颁布了《药品技术转让注册管理规定》《中药注册管理补充规定》《药品注册现场核查管理规定》《新药注册特殊审批管理规定》等一系列文件。通过采取早期介入、优先审评、多渠道交流沟通、动态补充资料等措施鼓励、支持新药研发;通过严格注册现场核查,保证申报资料的真实性,维护注册审批的公正性和严肃性,使各项鼓励创新的监管政策发挥积极的作用。

2009年,中国共批准国内药品注册申请2 609件,涉及1 464个品种,其中有9个属于在国内外均未上市的化学和生物制品创新性新药,65个是创新性中药,表明中国的新药研制开始向自主创新方向发展。

2014年,我国共批准新药临床344件,新药证书1件,新药证书及批准文号77件,批准文号72件。共批准按新药申请程序申报临床申请7件,新药证书及生产申请14件,生产申请16件。其中,按照《药品注册管理办法》规定,中药、天然药物注册分类中的1至5类批准生产1个品种,批准临床4个品种;化学药品注册分类中的1.1至1.5类批准生产10个品种,批准临床47个品种;生物制品注册分类中的1类批准临床10个品种。

2015 年共批准新药临床 606 件,新药证书 2 件,新药证书及批准文号 37 件,批准文号 48 件;共批准按新药申请程序申报临床申请 14 件,新药证书及生产申请 24 件,生产申请 37 件。其中,按照《药品注册管理办法》规定,化学药品注册分类中的 1.1 至 1.5 类批准生产 1 个品种,批准临床 88 个品种;生物制品注册分类中的 1 类批准生产 1 个品种,批准临床 19 个品种。

通过近几年的新药审批情况可以看出,中国的新药已经脱离了"伪新药"标签,开始变为真正的新药,企业的新药申请也趋于理性。

6.1.2　新药价格规制的历史演变和现状

(1)药品价格管理历史沿革①。中国药品价格管理经历了由计划经济的政府定价到市场经济的政府定价与市场定价相结合的改革过程。计划经济时期,药品实施政府定价,药品的出厂价格以及各流通环节的价格都由政府规定。在由计划经济到市场经济转变的过程中,中国政府逐步放松了对药品定价的规定,由原来的政府定价过渡为政府管理药品价格。从 1996 年开始,药品价格管理进入全面整顿阶段。原国家计委在 1996 年制定了《药品价格管理暂行办法》;1997 年制定了《药品价格管理暂行办法的补充规定》;1998 年又发布了《关于完善药品价格政策、改进药品价格管理的通知》;2000 年 7 月出台了《关于改革药品价格管理的意见的通知》,这一系列的政策法规的颁布展现了中国政府对药品价格的整顿和改革。

从 2004 年开始,药品价格实行政府定价和市场调节价相结合的价格管理制度,由下而上中央和省级价格主管部门掌握药品定价权。国家发展和改革委员会重新拟定定价规则,主要涉及以下几个方面:第一,政府定价范围扩大,由原来的 1 500 种左右扩大到 2 400 种,而且提出将所有处方药纳入政府定价范围;第二,将政府定价的药品中 OTC 药品的定价权下放给省级物价主管部门;第三,将全国划分为 6 个大区,即华东、华南、华北、西南、西北、东北大区,协调市场定价药品;第四,制定《药品定价办法》,提出"首先仿制药品可以适当上浮",支持原研药,并给予高于仿制药的一定价格空间;第五,着手制定出厂价,已经在处方药的维生素药品试点,根据不同价格制定不同的流通扣率;第六,成立药品评价中心,全面启动 21 类西药、7 类中药生产成本的调查,进行进口药品进口价格、市场销售价格、终端销售价格的全面调查;第七,启动新一轮药品政府定

---

①　甘泉.对药品价格管理的分析和制度设计[J].中国药事,2007(09):15 – 20.

价,出台抗生素、抗肿瘤(包含中药、西药药品价格)药品政府定价;第八提出在药品最小包装上标注出厂价;第九对医疗器械价格进行管理。

自1997年以来,国家发展和改革委员会和各地物价部门多次降低药品价格。经过多年药品价格改革实践,中国的药品价格管理已从原来国家单一主体定价逐步向市场多元化主体定价的方向改革,药品价格管理在不断改进和完善。

(2)中国药品定价现状。目前,中国现行的药品定价可以分为政府定价与市场定价两大类,具体又可分为政府直接定价、政府指导价和市场定价三种方式。政府直接定价或政府指导价的药品占全部药品的80%以上,几乎覆盖了医保目录上所有用药。除此之外,中国的药品价格规制还存在着单独定价这一特殊的方式。所谓单独定价是指,只要制药企业认为其产品质量、效果、安全性明显优于其他企业同类品种或治疗周期、治疗费用明显低于其他企业同类品种,可以申请单独定价。申请药品单独定价的企业应自接到政府相关部门公布统一的最高零售价格执行之日起20日内,向所在地省级价格主管部门提出申请,由后者形成意见报国家发改委。对于绝大多数药品,主要是参考专家委员会的意见确定单独定价药品的价格水平(见图6-1)。

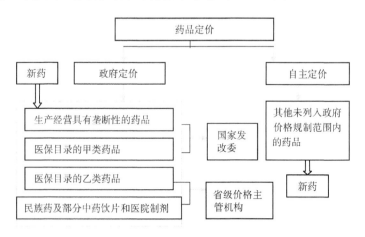

图6-1　中国药品价格定价模式

6.1.3　中国药品专利制度历史演变及评价

1984年3月12日,第六届全国人民代表大会常务委员会第四次会议通过了《中华人民共和国专利法》(以下简称《专利法》),并于1985年4月1日起正式实施。《专利法》对鼓励发明创造、保护知识产权、促进科技创新、推动中国经济发展和社会进步,发挥了重要作用。随着经济的发展和形势的变化,《专利法》的保护范围、保护期限以及相关程序责任等内容需要做出相应的调整,因此国家分别于1992年、2000年、2008年进行了三次修订,2012年第四次修订工作已经开始,并在2012年8月颁布了《中华人民共和国专利法修改草案(征求意见稿)》。

《专利法》中关于药品专利的内容也随《专利法》的修订而相应发生变化。1984年的《专利法》只保护药品和用化学方法获得的物以及动植物品种的生产方法,而不保护产品本身;且其保护期限为15年。1992年《专利法》第一次将药品和化学物质纳入专利保护范围内,并将其保护期限延长为20年。2000年《专利法》完善了药品专利的标准(明确了专利新颖性),鼓励科技人员进行技术创新。2008年《专利法》提高了药品专利的标准,由原来的混合新颖性改为绝对新颖性;扩大了药品专利的保护范围,增加了关于遗传资源保护的内容。目前,国家有关部门正在进行第四次《专利法》修正工作。

(1)中国药品专利立法进程。

第一阶段:筹建阶段。在高度集中的计划经济体制下,中国制药企业的市场意识和专利意识淡薄、创制新药的能力比较弱,生产的化学药品97%为仿制药,为数不多的一些创新成果也没有及时取得专利保护。例如,中国20世纪70年代开发成功的抗疟新药青蒿素,是中国医药领域唯一得到世界公认的新化学药物,但由于我国当时不具备知识产权保护的必要条件,导致本来是中国的发明变成了国外的专利,致使中国每年仅此一项就要蒙受2亿—3亿美元的出口损失[①]。为了鼓励发明创造,保护发明创造者的合法权益,促进科学技术进步和创新,1978年中国开始筹建专利制度,重新印发了1963年颁布的《技术改进条例》,修订颁发了《发明奖励条例》。1979年3月,国务院批准起草《专利法》,1979年11月颁布了《自然科学奖励条例》等,正式受理发明奖励申请。1980年1月,中国专利局正式成立。

第二阶段:颁布实施《专利法》。1979年,中国和美国签订《中美贸易关系协定》,这标志着国外知识产权将在中国受到保护。依照此协定,中国于1980年成为世界知识产权组织的成员国,并于1984年加入《保护工业产权的巴黎公

---

① 田侃编.中国药事法[M].南京:东南大学出版社,2011.

约》①。因此,中国在 1984 年 3 月 12 日颁布了第一部《专利法》,并于 1985 年 4 月 1 日正式实施。考虑到当时国内制药工业的研发和创新能力比较落后,需要给予特殊保护,《专利法》第二十五条规定,药品的制备方法可以申请专利,但药物本身不给予专利保护。因此,1984 年时,药品并不属于专利法的保护范围。同时,该专利法对于发明专利的保护期限规定是 15 年,实用新型专利的保护期限规定是 5 年,最长可达 8 年;并且关于专利的强制许可制度的规则也比较宽松。

第三阶段:修订《专利法》,逐步完善专利制度。为了向《与贸易有关的知识产权协议(草案)》(简称 TRIPS 协议)靠拢,执行 1992 年中国和美国签订的《中美关于知识产权的谅解备忘录》等一系列与知识产权有关的双边协定,更重要的是为了建立中国社会主义市场经济体制,全国人大决定对《专利法》进行修订。1992 年 9 月,中国对 1984 年《专利法》进行第一次修改,并于同年 12 月颁布了《中华人民共和国专利法实施细则》。本次修改的一项重要工作内容是扩大专利的保护范围,对药品授予专利权,完善专利的强制许可制度。新专利法规定,“在国家出现紧急状态或者非常情况时,或者为了公共利益的目的,专利局可以给予实施发明专利或者实用新型专利的强制许可”②;侵权行为中增加了进口权,并将方法专利的效力延伸到依该方法直接获得的产品,从而扩大了专利保护的范围;增加了国内优先权,将授权前异议改为授权后的撤销程序;除此之外,将发明专利的保护期限延长为 20 年,实用新型专利权的保护期限延长为 10 年。自 1993 年以后,中国开始全面实施药品专利制度。

2000 年,我国对 1984 年《专利法》进行了第二次修改,修改后的《专利法》已基本达到 TRIPS 协议要求,并于 2001 年 7 月 1 日正式实施。本次修改加强了保护技术创新者的专利权,明确了促进科技进步与创新是专利法的宗旨,并完善专利审批及维护程序,调整、理顺与专利相关的利益关系。在本次修改中,新增了专利的授权条件,即新颖性、创造性和实用性,并且对新颖性、创造性和实用性做了较为详细的诠释;侵权行为中增加了许诺销售权;取消授权后的撤销程序,由无效宣告程序解决所有纠纷。第二次修改的专利法能更有力地激励科技人员进行技术创新,具体措施包括:第一,更为合理地对职务发明进行界定,引入合同优先原则;第二,允许科技人员和单位通过合同约定发明创造的归属;

---

① 张艳梅. 药品专利法律问题研究[D].吉林大学博士论文,2008.

② 参见《中华人民共和国专利法》(1992 年修改版)。

第三,在发明创造专利实施后,单位应当根据专利的应用推广的范围和取得的收益,给予发明人或设计人报酬。

2001—2003 年期间,新药数据排他期、药品实验数据保护、禁止实验数据披露、等同原则和诉前禁令制度的确立使得中国专利制度跃上一个新台阶。2008 年 6 月国务院发布《国家知识产权战略纲要》。为了实施国家知识产权战略、建设创新型国家,适应中国经济发展需要和国际知识产权保护发展的态势,中国于 2008 年 12 月通过了修改专利法的决议,修改后的专利法于 2009 年 10 月 1 日正式实施。第三次修改的宗旨是提高创新能力、促进经济社会发展,而这一目标在专利的内容修改上得到充分体现。第三次修改的主要特点包括:第一,突出提升创新能力;第二,注重提升专利质量,将专利新颖性标准由相对新颖性改为绝对新颖性;第三,加强专利权保护,扩大了专利保护范围,提高了行政处罚力度,完善了保护专利权人的措施;第四,简化程序,具体涉及专利申请程序、撤销及纠纷处理程序等。

第三次修改对药品专利的影响较大,关于药品专利的修改内容较多。在本次修改中,增加了关于遗传资源保护的内容,规范了相同的发明创造和共同申请人的权利行使,修改了保密审查程序和处理,将混合新颖性改为绝对新颖性,增加了涉及公共健康的强制许可制度,并明确允许平行进口,增加了实用新型权利行使前的评估报告制度,细化了赔偿技术方法和诉前禁令以及财产安全的规定。2010 年修改后的《专利法实施细则》中,增加了对遗传资源事项的详细解释。第三次修改后的专利法对于提升中国药品专利创造、运用、保护和管理能力,推动医药产业可持续发展意义重大。

目前,专利持有人普遍反映,专利侵权存在侵权成本低、维权成本高、取证难及行政执法手段不强等问题,知识产权执法工作面临极大挑战。2011 年 11 月,国务院印发了《关于进一步做好打击侵犯知识产权和制售假冒伪劣商品工作的意见》,要求研究修订相关法律法规和规章,加大对侵权和假冒伪劣行为的惩处力度。据此,专利法第四次修改已提上日程,被列入国务院 2012 年立法工作计划。经过多次调研,2012 年 8 月,国家知识产权局颁布了《中华人民共和国专利法修改草案(征求意见稿)》。第四次专利修改的基本出发点是促进提升中国创新能力,立足于加强专利权保护。针对中国当前专利保护存在中的专利侵权严重、维权成本高等问题,《征求意见稿》特别就加强专利行政执法和专利权的司法保护进行重点规范,这体现了专利法修改强化专利权保护以鼓励和保护创新的宗旨①。

(2)专利法改革简要评述。《专利法》的前两次修改可以说是被动的修改，主要是解决国际贸易争端和缓解发达国家的压力，被动地修改中国《专利法》与国际专利保护相协调。专利法经过两次修改之后，药品专利的保护期限延长，保护的范围扩大，并且规定更详细，侵权打击的力度大，专利保护强度增加。第二次修改后，已经基本与国际知识产权保护相协调。

6.2　中国新药规制对制药产业技术创新激励效应比较

在本书中，新药规制主要包括两个方面，即药品注册管理制度与新药定价管理制度。从上一节内容的分析可以得出，药品定价管理办法自 2000 年实施以来，基本定价原则没有变化，而药品注册管理制度在 2007 年及 2016 年经历了较大的变化，但其对制药产业技术创新的激励效果不会即刻显示出来。在本节中，主要考察 2007 年颁布的《药品注册管理办法》对制药产业技术创新的激励效应影响。

6.2.1　2007 版《药品注册管理办法》中新药政策变化及对技术创新的影响

(1)2007 版《药品注册管理办法》的新药政策变化。具体政策变化内容如下：

第一，重新界定"新药"范围。2007 版《药品注册管理办法》对新药概念的界定更加严格：对于已上市的药品改变剂型、改变给药途径或增加适应证，注册时只能按照新药程序申报，不再按照新药管理；对已上市药品改变剂型，但是不改变给药途径的注册申请，则要求采用新技术以提高药品的质量和安全性，且与原剂型相比有明显的临床应用优势；将新药中的"已有国家标准的药品"改为"仿制药"，确保只有真正的创新药才能取得新药证书，提升了新药证书的含金量。这几个措施有助于解决新药管理过于宽泛的问题，宏观上有利于激励新药研发，并在微观上降低新药审批监管的成本。中药方面，一类至五类药品可以被界定为"新药"；而化学药仅有一类和二类才能被称为"新药"，曾经出现的新药拥挤注册的状况将不复存在。

---

① 国务院法制办公室. 我国将进行第四次专利法修改工作［EB/OL］. http://www.chinalaw.gov.cn/article/xwzx/fzxw/201 206/20 120 600 369 261. shtm,2012 - 09 - 10.

第二,鼓励真正意义上的新药创制,改"快速审批"为"特殊审批"。为鼓励真正意义上的新药创制,新办法对创制新药以及治疗疑难危重疾病的药物等四类新药给予了明确的鼓励政策。对符合规定的创新药物实行"特殊审批",为创新药物设置了不同的通道,以提高审批效率。一方面缩短了技术审评时间(临床试验缩短了10日、新药生产缩短了30日);另一方面改变了审评方式,包括建立专用通道、审评人员早期介入、允许修改补充资料、优先审评等。虽然这次修订对"特殊审批"具体程序和操作细则尚未作出详细规定,但对于推动国内创新药物研发具有积极意义,将鼓励企业把精力投入到完全创新的药物上来,有助于抑制低水平重复生产的现象。

第三,提出上市药品风险和价值评估。2007版《药品注册管理办法》第15条提出,应当执行国家制定的药品行业发展规划和产业政策,组织对药品上市价值的评估。考虑到上市价值与风险评估的复杂性,以及不同人群衡量标准和方法不同等影响因素,此条作为选择性的规定,未对药品市场价值风险评估提出正式审评程序及实施细则。但由此可以看出,新办法意在减少低水平重复,净化国内医药流通市场。

(2)2007版《药品注册管理办法》对新药创新的影响。2007版《药品注册管理办法》进一步规范了药品注册工作,对药品的注册申报提出了更细、更高、更严的要求,因此,必然会对新药的研究与开发、申报与注册、生产及监管等工作产生重大的影响。具体表现如下。

第一,新药申报的整体数量将会相对下降。2007版《药品注册管理办法》提高了新药和仿制药的标准,提升了药品生产品种的准入条件,给药品的市场准入设立了较高的标准,新的药品注册法规鼓励在质量、安全性和成本方面有明显优势的改剂型申请,大大限制了提交简单改剂型申请人的条件,可以在一定程度上减少简单改剂型药品的上市数量,给医药行业带来了极大的挑战,尤其是给中小型制药企业带来了更大的冲击,但同时也避免同质化竞争的加剧,减少生产企业通过非法手段降低成本、影响药品质量、生产假冒伪劣药的情况。由于新药研究、开发的难度和风险进一步加大,制药企业应加大研究开发的投入和力度,加强创新,力争尽早开发出有竞争力的新品种。同时,要多方收集情报信息,加强资料检索,及时了解新药申报、审批、品种保护等方面的信息,防止或减少退审的情况。

第二,对于新药申报主体有关机构的影响。2007版《药品注册管理办法》第37条规定,药品注册申请人在药物临床试验实施前就要确定临床试验方案和临床试验负责单位等,单纯的药品研发机构在这种情况下将会十分被动。因此,预计今后药品生产企业将会逐步取代药品研发机构,成为药品申报的主体。

在新药研究的难度进一步加大,所需资金、人力及时间增加的情况下,企业积极寻求、接受已有新药品种或成果的技术转让,不失为解决品种不足的另一个办法。因此,在积极抓好新产品自主研究的同时,应该积极了解有关科研单位的新药研究项目,加强与其他科研和临床试验单位的沟通与合作,适时购进科技含量高、市场潜力大的新品种,尽快投入生产,上市销售。同时,有实力的企业要向创新研发转型。

第三,对新药生产的影响。2007 版《药品注册管理办法》对药品的生产工艺及质量标准提出了更高的要求,对进行相应改变所需申报的资料也作出了明确的规定。因此,药品的生产部门和新药开发部门要加强联系和配合,在生产工艺规程的制定和执行过程中严格遵循法规的要求,按规定进行变更并做好准确、详实的记录。

综上所述,《药品注册管理办法》提高了新药的生产工艺及质量标准,使得新药研究、开发的难度和风险进一步加大。因此,制药企业只有加大技术创新的投入力度,才能研发出有竞争力的新品种。

6.2.2 新药规制对新药审批的激励效应比较

虽然中国制药产业的研发强度与其他国家相比偏低,但历年的新药注册审批结果显示中国的新药数量却非常多,根据我国的"新药"批准量显示,1998 年的"新药"批准为 2 208 例,2003 年和 2004 年两年所批准的"新药"分别达到了 5 573 例和 4 357 例,这是创历史新高的批准量。2007 年,由于新版《药品注册管理办法》的出台,对于新药的界定及评判标准高于原来对新药的定义,因此,2007 年之后生产批准量大幅下降,新药占总批准生产总量的比重也随之降低。由此可见,随着药品注册管理办法的完善以及与国际接轨,新药的质量标准越来越高,新药审批的数量则在相对减少(详见表6 -1)。

表 6 – 1 2006—2011 年中国新药批准情况

单位:例

年份	新药批准临床	新药批准生产	仿制药批准生产	新药比重(%)
2006	1 426	1 803	5 958	23
2007	785	176	776	18

年份	新药批准临床	新药批准生产	仿制药批准生产	新药比重(%)
2008	581	270	1 826	13
2009	298	196	1 826	10
2010	243	85	657	11
2011	621	149	436	25

注:新药比重＝批准生产的新药量/批准生产的新药和仿制药之和。

资料来源:《国家食品药品监督管理总局年度工作报告》(2006—2010 年),《2011 年药品注册审批年度报告》。

6.2.3 新药规制对制药产业技术创新投入和产出激励效应比较

(1)新药规制对制药产业技术创新投入激励效应比较。2007 版《药品注册管理办法》提高了新药和仿制药的标准,提升了药品生产品种的准入条件,给药品的市场准入设立了较高的标准,给医药行业带来了极大的挑战,尤其是给中小型制药企业带来了更大的冲击。一方面,企业靠简单的仿制药品和粗放生产已经不能在激烈的市场竞争中生存,促使企业必须加大技术创新力度。另一方面,新药的标准提高,使得新药研究的难度进一步加大,从而使其需要的资金、人力都大大增加。

制药产业技术创新投入增加速度较快呈明显的上升趋势。制药产业研发人员全时当量从 2000 年的 12 136 万人年,增加到 2011 年的 93 467 万人年,增加了 6.7 倍;研发投入从 2000 年的 13 亿元,增加到 2011 年的 211 亿元,增加了 15.2 倍。由此可见,制药产业研发强度增势强劲(详见表 6 - 2)。

表 6 - 2 2000—2011 年制药产业技术创新投入情况

年份	研发人员全时当量(万人年)	研发投入(亿元)	工业总产值(亿元)	研发强度(%)
2000	12 136	13	1 781	0.76
2001	15 229	19	2 041	0.94
2002	18 220	22	2 378	0.91
2003	17 518	28	2 890	0.96
2004	13 931	28	3 241	0.87

续表

	研发人员全时当量(万人·年)	研发投入(亿元)	工业总产值(亿元)	研发强度(%)
2005	19 584	40	4 250	0.94
2006	25 391	53	5 019	1.05
2007	30 778	66	6 362	1.04
2008	40 192	79	7 875	1.00
2009	70 065	135	9 443	1.42
2010	55 234	123	11 741	1.04
2011	93 467	211	14 942	1.41

注:①研发投入为研发费用内部支出;②研发强度为研发费用占工业总产值的比重;③以上数据为产业层面数据。

资料来源:《中国高技术产业数据》(2008—2012年)。

　　《药品注册管理办法》于2002年颁布实施,之后分别在2005年、2007年修改完善,特别是2007年变化的幅度较大。从图6-2可以直观地看出,每次《药品注册管理办法》的实施与修改都直接影响了制药产业总体的技术创新投入。特别是2007年之后,制药产业技术创新投入(不论是研发人员投入还是研发资金投入)的增长速度变快,或者说增长比率增加。由此可见,新药规制的规制强度增加激励了制药产业增加技术创新投入。

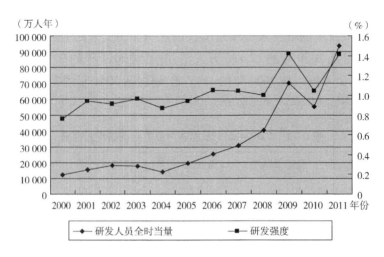

图6-2　2000—2011年制药产业技术创新投入情况

　　(2)新药规制对制药产业技术创新产出激励效应比较。企业研发的最终目的是获得收益,因此,考察企业技术创新产出的最直接指标是企业新产品产值。制药产业新产品产值从 2000 年的 203 亿元增加到 2011 年的 2 492 亿元,增加了 11.3 倍;从新产品产值占总产值的比重角度来看,新产品产值份额从 2000 年的 11.40% 上升到 2011 年的 16.68%。可以看出,中国制药产业的科技创新产出水平在不断提高。

表 6 - 3　2000—2011 年制药产业技术创新产出情况

年份	新产品产值(亿元)	工业总产值(亿元)	新产品比重(%)
2000	203	1 781	11.40
2001	220	2 041	10.78
2002	258	2 378	10.85
2003	331	2 890	11.45
2004	419	3 241	12.93
2005	512	4 250	12.05
2006	605	5 019	12.05
2007	789	6 362	12.40
2008	1 020	7 875	12.95
2009	1 723	9 443	18.25
2010	1 772	11 741	15.09
2011	2 492	14 942	16.68

注:新产品比重 = 新产品产值/工业总产值。

资料来源:《高技术产业统计年鉴》(2008—2012 年).

《药品注册管理办法》自 2002 年颁布实施以后,对新药的标准不断提高,国家食品药品监督管理总局批准的新药数量越来越少,但是制药产业的新药产值不减反增。这一方面说明国家加大了对新药的保护力度;另一方面说明新药的质量水平较高,市场可替代药品较少,新药的市场需求较大,有些新药填补了市场空白。从图 6 - 3 可以看出,2007 年之后,制药产业技术创新产出(新药产值和新药比重)的增长速度变快,或者说增长比率增加。由此可见,新药的含金量更高,给企业带来的收益更高,高收益诱导企业加大技术创新投入;简言之,新药规制的规制强度增加激励制药产业技术创新产出,而技术创新产出的增加又会诱导制药企业进行技术创新,从而增加技术创新投入。

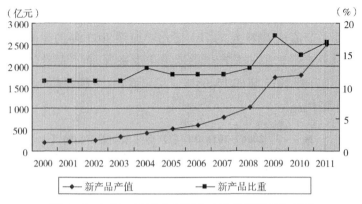

图 6 - 3　2000—2011 年制药产业技术创新产出情况

6.3　中国药品专利制度对制药产业技术创新激励效应比较

中国目前没有单独的药品专利法,药品专利制度包含在专利制度中。由于 2008 年对《专利法》进行的第三次修改中关于药品专利内容修改较大,因此,在此只讨论 2008 年修改后的《专利法》对中药产业技术创新的激励效应。

6.3.1　药品专利制度对制药产业专利申请和拥有激励效应比较

制药产业技术创新的主要产出为专利和新药,企业通过销售新药,或者专利技术转让来收回技术创新投入。在国外,制药企业主要依靠获取专利药品带来的高额回报来维持企业的高额利润。

从总体情况看,2000—2011 年期间制药产业申请和拥有的专利数量急剧增加,这表明制药产业非常重视技术创新。制药产业申请专利数量从 2000 年的 547 件增加到 2011 年的 11 115 件,增加了 19.3 倍;拥有专利数量从 2000 年的 414 件增加到 2011 年的 10 506 件,增加了 24.4 倍(详见表 6 - 4)。

表 6 - 4　2000—2011 年制药产业专利申请与拥有情况

年份	申请专利数量(件)	拥有专利数量(件)
2000	547	414
2001	735	308
2002	999	484

续表

	专利申请数(件)	专利拥有(件)
2003	1 305	459
2004	1 696	902
2005	2 708	1 134
2006	2 383	1 965
2007	3 056	2 482
2008	3 917	3 170
2009	8 601	6 017
2010	5 767	5 672
2011	11 115	10 506

资料来源:《高技术产业统计年鉴》(2008—2012年)。

　　2003年以后的药品专利增加了新药数据排他期、药品实验数据保护、禁止实验数据披露、等同原则和诉前禁令制度等内容,使中国药品专利保护达到一个新水平。从图6-4可以看出,2009—2011年期间制药产业无论是申请专利数量还是拥有专利数量的增长速度都快于之前的增长速度。由此可见,随着药品专利的不断完善,制药产业对于专利申请的积极性越来越强,从而激励制药产业进行技术创新。这也就意味着,药品专利保护力度越大,越能激励制药产业进行技术创新。

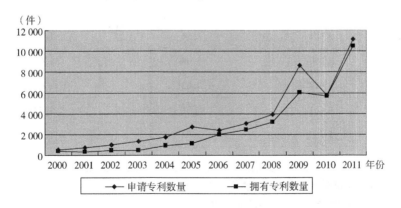

图6-4　2000—2011年制药产业专利申请与拥有情况

6.3.2 药品专利制度对制药产业技术创新投入和产出激励效应比较

(1)药品专利制度对制药产业技术创新投入激励效应比较。2003 年以后的药品专利制度对药品专利保护强度增加,2009 年实施的《专利法》扩大了药品专利保护范围,精简了申请程序,这些政策激励制药产业增加技术创新投入,增加专利申请。

2000—2011 年期间,制药产业技术创新投入增加速度较快,且呈明显的上升趋势。制药产业研发人员全时当量从 2000 年的 12 136 万人年增加到 2011 年的 93 467 万人年,增加了 6.7 倍;研发强度从 2000 年的 0.76% 增加到 2011 年的 1.41% ,增加了 0.86 倍;制药产业申请专利数量从 2000 年的 547 件增加到 2011 年的 11 115 件,增加了 19.3 倍;制药产业专利申请的增长速度快于制药产业技术创新投入的增长速度。由此可见,药品专利制度的不断完善,能够激励制药产业增加技术投入、积极申报药品专利(详见表6 - 5)。

表 6 - 5　2000—2011 年药品专利制度对制药产业技术创新投入激励效应

年份	申请专利数量(件)	研发人员全时当量(亿人年)	研发强度(%)
2000	547	1.21	0.76
2001	735	1.52	0.94
2002	999	1.82	0.91
2003	1 305	1.75	0.96
2004	1 696	1.39	0.87
2005	2 708	1.96	0.94
2006	2 383	2.54	1.05
2007	3 056	3.08	1.04
2008	3 917	4.02	1
2009	8 601	7.01	1.42
2010	5 767	5.52	1.04
2011	11 115	9.35	1.41

注:研发强度为研发费用占工业总产值的比重。

资料来源:《高技术产业统计年鉴》(2008—2012 年)。

由图 6 - 5 可以看出,2000—2011 年,制药产业专利申请和技术创新投入的趋势基本一致,特别是2003年以后,这种趋势更加趋同。在药品专利制度完善的过程中,2003年和2008年是两个关键的时间节点。2003年之前,制药产业药品专利申请相对于其技术创新投入较低,2003年之后情况有所变动,药品专利制度提升了对药品专利的保护力度,激励制药企业积极申报药品专利,增加技术创新投入。2008年之后药品专利保护强度更大,制药产业技术创新投入增长速度也更快。由此可见,药品专利制度越完善,制药产业技术创新投入越多。简言之,药品专利保护强度越高,越能激励制药产业增加技术创新投入。

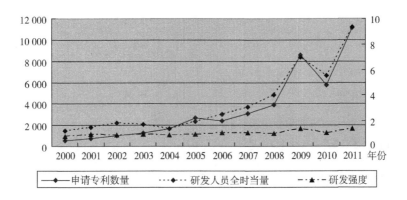

图6-5　2000—2011年药品专利制度对制药产业技术创新投入激励效应

注:左轴为申请专利数量(单位:件);右轴为研发人员全时当量(单位:亿人年)和研发强度(单位:%)。

(2)药品专利制度对制药产业技术创新产出激励效应比较。企业技术创新的产物主要有两种,一种是新药(专利药),另一种是专利技术。因此,研究药品专利对制药产业技术创新产出的激励效应比较,主要在于研究药品专利制度对制药企业拥有专利数量的影响,以及对制药产业新产品产值的影响。制药产业新产品产值从2000年的203亿元增加到到2011年的2 492亿元,增加了11.3倍;拥有专利数量从2000的年414件增加到2011年的10 506件,增长了24.4倍(详见表6-6)。

表6-6　2000—2011年药品专利制度对制药产业技术创新产出激励效应

年份	拥有专利数量(件)	新产品产值(亿元)	工业总产值(亿元)	新产品比重(%)
2000	414	203	1 781	11.40
2001	308	220	2 041	10.78
2002	484	258	2 378	10.85

续表

年份	拥有专利数量(件)	新产品产值(亿元)	工业总产值(亿元)	新产品比重(%)
2003	459	331	2 890	11.45
2004	902	419	3 241	12.93
2005	1 134	512	4 250	12.05
2006	1 965	605	5 019	12.05
2007	2 482	789	6 362	12.40
2008	3 170	1 020	7 875	12.95
2009	6 017	1 723	9 443	18.25
2010	5 672	1 772	11 741	15.09
2011	10 506	2 492	14 942	16.68

注:新产品比重=新产品产值/工业总产值。

资料来源:《高技术产业统计年鉴》(2008—2012年)。

由图6-6可以看出,2000—2011年,制药产业拥有专利数量和新产品产值的增长趋势大体一致,特别是2008年以后,这种变化趋势更加趋同。在药品专利制度完善过程中,2003年和2008年是两个关键的时间节点。2003年之后的药品专利制度提升了对药品专利保护力度,企业更加重视所拥有的专利技术。2004年和2009年是专利政策变化后的特殊年份,这两年制药产业拥有的专利

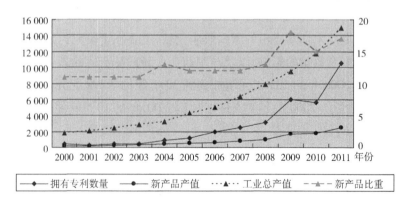

图6-6　2000—2011年药品专利制度对制药产业技术创新产出激励效应

注:左轴为拥有专利数量(单位:件)、新产品产值(单位:亿元)和工业总产值(单位:亿元);右轴为新产品比重(单位:%)。

数量明显增加,并且之后拥有专利的增加速度快于政策变化之前的增加速度,同样的情况也存在于制药产业新产品产值的变化趋势中。由此可见,药品专利制度对药品专利的保护力度越强,制药企业越重视所拥有的专利数量,新产品产值越高。简言之,药品专利保护强度越高,新药和专利的价值越高,制药企业就会越重视技术创新,而制药产业的技术创新和产出也会越多。

7 中国制药产业技术创新激励机制优化研究

本书选取直接影响制药企业技术创新收益的新药规制和专利制度因素,研究其对企业技术创新的激励作用。因此,在优化中国制药产业技术创新的激励机制时,也主要关注新药规制和专利制度方面的政策建议。本章以增加企业研发收益为目的,结合药品研发上市过程中的政府规制政策、药品专利制度以及前几章的研究结论,从药品专利制度、药品注册审批制度、药品定价制度以及新药规制和专利制度之间协调的角度提出激励企业增加技术创新投入的政策建议。

7.1 制药企业技术创新成本收益分析

一般情况下,原创药品的生命周期被分为三个不同的阶段:(1)药品推出前期(药品上市前阶段),包括从研发阶段到通过监管部门审批获得市场准入;(2)专营销售期,在此阶段药品受到专利保护,可以从专营权获得收益;(3)失去专营权阶段,此阶段药品失去专利保护,仿制药品可以进入市场。

在药品生命周期的每个阶段中,专利保护在原创制药企业的经营战略中都起到重要作用。专利申请从发现新药的开始阶段一直到生命周期结束。为了使制药企业获得最大化的药品收入流,必须最大限度地延长药品专利保护期,即延长药品的专营期,保障企业可以在药品专营期内收回研发投入,激励企业继续研发。

7.1.1 制药企业研发成本分析

通常制药企业的研发活动能够产生持续不断的创新,这些创新被分为不同的两类。第一类是基础创新,它能够发现新药包含的新的有效药物成分(NCEs)。这类创新要求大量的投资,但是不能保证获得商业成功。第二类是渐进式创新,这是现有药品继续研究的结果。渐进式创新包括开发新配方、新的分销模式、利用以前发现的活性成分(有效成分)、使用一种原创药的衍生药品。

本部分主要关注基础创新以及其包含的阶段。

(1)新药研发流程。在药品生命周期中,前期阶段发现新的分子物质,并将其开发成新药,决定了其市场准入和后期的定价和补偿。从药品上市开始,药品就要一直受药物警戒的监控。比如监控可能的有害的作用或者新的副作用(也被称作第四阶段临床的研究)。图7-1显示了新药研发不同阶段和相应的专利活动。

新药研发可以分为研究阶段和开发阶段两个阶段,这两个阶段是相继发生且互相联系的。确定候选药物是划分两个阶段的标志,在确定候选药物之前属于研究阶段,确定之后是开发阶段。候选药物是指拟进行系统的临床前试验并能够进入临床试验研究的活性化合物。

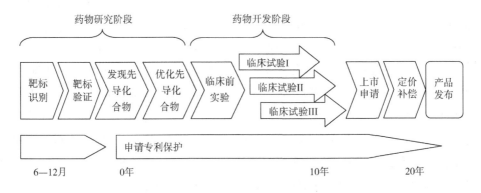

图7-1 新药开发过程

药物研究阶段包括四个重要环节,分别是靶标识别、靶标验证(靶标确立)、发现先导化合物和优化先导化合物。

新药研发的过程通常开始于科学家以识别分子为目标的研究工作(常见酶或受体),这通常与疾病有关,这个过程被称为靶标识别。靶标识别后,科学家进行测试以验证目标如何调节体内的生物过程,以及它们是否适合作为治疗剂。科学家也会比较其他可能的目标治疗作用,并比较它们的治疗效果。这一步骤有时也被称为靶标确立。下一步是发现先导化合物,即积极寻找能与靶标相匹配的新分子(化合物)。先导化合物可能来源于大量的随机筛选化学库中的化合物。这种筛选的结果是可能识别出一种或多种具有潜在的治疗疾病的化合物。先导化合物也可能来源于已知的治疗疾病的化合物(比如竞争对手的药物或是天然活性物质),或者其他药物研究过程中的意外发现。优化先导化合物的目的是发现一种具有能够开发成安全有效的药品的化合物(分子)。在此阶段将通过试管实验和动物实验来研究最合适的化合物的治疗效果,确定的候选药物将进入开发阶段。

药物开发阶段主要是通过实验室(动物)实验来验证先导化合物的安全性(毒性)和有效性,通过实验室实验的候选药物可进行临床实验。试验通常分为两个阶段:临床前实验(主要涉及实验室和动物实验,主要检测药物毒性反应)和临床试验。临床试验又分多个阶段。①临床试验Ⅰ,此阶段主要是通过健康志愿者检验药物的安全性和副作用。②临床试验Ⅱ,此阶段主要是通过长期病人或病症末期的病人来检测新药治疗某种症状的疗效。③临床试验Ⅲ,此阶段需要大量病人的长期试验,通过对病人的监测确定疗效和不良反应,在此阶段有时会发现候选药物新的医疗用途。

通过临床试验Ⅲ后,如果试验数据能够证明药物安全、有效,研发企业就可以向药品监管部门提出新药申请。获得批准后,新药就可以进入市场。临床试验Ⅳ在药品进入市场后的药品监测完成,以评价药物的长期疗效。

(2)新药研发成本。从上文分析中可以知道,新药研发过程复杂,周期长,而且新药研发过程中的风险巨大。因此,在分析新药研发成本时,不能只考虑研发成功的新药的研发费用,还需要考虑在企业进行新药研发过程中失败的研发费用。除此之外,新药的研发周期较长,高达 10 年以上,因此在核算新药研发成本时,还必须考虑资金的时间价值。简言之,在核算新药研发成本时,不仅要考虑新药研发的直接成本,还要考虑新药研发的间接成本。

新药研发过程中风险巨大。新药研发过程中的风险大体可分为:企业外部环境风险和企业内部经营决策风险;其中,企业外部环境风险主要包括政策环境风险、市场竞争风险,企业内部经营决策风险主要包括,决策风险、管理风险、技术风险、财务风险、生产风险、人员风险等。本书主要考虑新药研发过程中的技术风险。在新药研发中,每筛选 5 000—10 000 个化学分子化合物,大约只有 250 个化合物能够进行临床前试验,而这 250 个化合物中大约只有 20 个能够进入到Ⅰ期临床试验,可能只有 4 或 5 个能够通过Ⅲ期临床试验,而最终可能只有 1 种能够推向市场。简言之,研究一种化学分子成功的概率仅为 0.01% ~ 0.02%。

成功研发一种新药的直接成本大致如下。迪马西(DiMasi et al.,2003)研究得出,1975 年时,研制一个创新药物的成本为 1.38 亿美元;而到了 1987 年,一个创新药物的研发成本已经上升到了 3.18 亿美元;进入 21 世纪以后,创新药物的研发成本迅速增长,每种成功上市的新药(或者更准确地说是一个新的化学物)的平均成本在 2000 年已达到 4.03 亿美元。而如果考虑到从研发到成功上市的时间价值,那么,每种新药的研发成本将达到 8.02 亿美元。而药品研究和生产商协会(PhRMA,2001)认为,"8.02 亿美元"这一数据是保守估计值,实际上一种新药的研究成本远高于"8.02 亿美元",一般认为,成功研发一种新药的平均直接成本在 8 亿—10 亿美元。

为了更好地分析新药研发成本,除了药品研发的总成本外,还应关注药品研发过程中的成本分布问题,为控制药品研发过程中的资金风险提供依据。据欧盟 2007 年的调查数据显示,随着药品研发工作的深入,各阶段的研发费用投入逐步增加,第三阶段的临床试验的成本最高,占总研发费用的 60%。相比之下,药品基础研发的费用就很少了(详见表 7 - 1)。

表 7 - 1　2007 年欧盟新药研发成本结构组成

研发过程	研发投入占总研发投入的比重(%)
临床试验前	8
Ⅰ期临床试验	12
Ⅱ期临床试验	20
Ⅲ期临床试验	60

资料来源:Pharmaceutical Sector Inquiry in EU.

一种新药的平均成本,包括直接成本和间接成本。新药开发周期较长,据研究,20 世纪 60 年代,国际上新药研究周期平均为 8.1 年,到 70 年代,这一数据为 11.6 年,80 年代延长至 14.2 年,而在 1990—1996 年期间,研发一个新药要历时大约 15 年。由此可见,新药的研发周期不仅时间长,而且有越来越长的趋势,因此在核算新药研发成本时,资金的时间价值不可忽略。除此之外,还要充分考虑企业研发过程中失败的研发费用投入。

一项最新的统计研究表明,企业成功研发一种新药的成本远远高于之前估计的 10 亿美元。该研究统计分析了 1997—2011 年期间全球部分巨头制药企业的研发费用和新药上市情况,得出制药企业研发一种新药的平均成本最高达到 118 亿美元,最低为 37 亿美元,远远高于之前估计的 10 亿美元[①](详见表 7 - 2)。

---

① 资料来源:上海信息服务平台. 最新新药研发花费统计[EB/OL]. http://wenku. baidu. com/view/3fa7 610f79 563c1ec5da7 127. html,2012 - 03 - 12.

表 7 – 2 1997—2011 年巨头制药企业的研发费用①

企业名称	批准新药数量 （个）	平均每个新药花费 （亿美元）	总研发费用 （亿美元）
阿斯利康	5	118	590
葛兰素史克	10	82	817
赛诺菲	8	79	633
罗氏	11	78	858
辉瑞	14	77	1 082
强生	15	59	883
礼来	11	46	503
雅培	8	45	360
默克	16	42	674
百时美 – 施贵宝	11	42	457
诺华	21	40	836
安进	9	37	332

美国药物研究和制药商协会给出最新的新药研发成本数据为 13 亿美元（详见表 7 – 3）。美国药物研究和制药商协会给出这一统计结果的依据为：以 FDA 批准的新药数目作为衡量研发产出的指标，依据制药企业已公布的研发投入数据来衡量药品研发投入。美国的药品市场约占全球的 40%，假设美国的研发投入在全球研发投入中所占比重也为 40%。由全球医药研发投资乘以 40% 除以新分子实体药物（NMEs）和生物制药批准总数，可得到美国每个新分子实体药物的研发成本。虽然这一数据的科学性值得深入推敲，但是从计算数据上看，十年间每种新药的平均研发成本增加了两倍多②。

---

① 参见：上海信息服务平台. 最新新药研发花费统计［EB/OL］. http://wenku. baidu. com/view/3fa7 610f79 563c1ec5da7 127. html.

② 资料来源:华源医药网. 新药研发成本居高不［EB/OL］. http://www. hyey. com/MemberServices/ArtcleCharge/ShowArticle. aspx? ArticleID = 192 821,2011 – 04 – 12.

表 7 - 3　2000—2011 年美国新药研发成本①

年份	NMEs 和生物制药批准总数(个)	全球医药研发投入(亿美元)	美国研发投入(行业的 40%)	美国每个新分子实体药物的研发投入(亿美元)
2011(估算)	28	1 330	112	19
2010	26	1 292	104	20
2009	34	1 261	136	15
2008	31	1 298	124	17
2007	26	1 192	104	18
2006	29	1 070	116	15
2005	28	962	112	14
2004	38	877	152	9
2003	35	785	140	9
2002	26	691	104	11
2001	32	606	128	8
2000	33	541	132	7

7.1.2　制药企业技术创新收益分析

(1)新药研发产出。通过图 7 - 1 可以看出,专利申请伴随着整个新药的研发过程,开始自发现先导化合物,直至药品上市销售。

在发现和优化先导化合物的某个时间,公司将开始申请专利,此时的专利申请是关于有效化合物。由于这个阶段的专利申请和授权专利是有效化合物的第一次专利(申请或授权),通常也被称为"基本专利"(primary patents)。在药物开发阶段,还会有更多的关于有效化合物的其他方面的专利申请,如不同的剂型(例如片剂、胶囊、注射剂)、独特的药剂配方,这些专利或专利申请通常被称为"二次专利"(secondary patents)。

在临床试验 II 期,也可以研发新制药配方和新剂型,这将产生一些"二次专利"。在临床试验 III 期,有时会发现候选药物的新的治疗用途,这也会产生"二次专利"。

---

① 参见:华源医药网. 新药研发成本居高不[EB/OL]. http://www. hyey. com/MemberServices/ArtcleCharge/ShowArticle. aspx? ArticleID = 192 821,2011 - 04 - 12.

通过图7-1可以看出,新药研发的过程也是药品专利申请的过程。新药研发风险巨大,成功率很低,因此,研发企业除了通过新药上市获得收益外,还可以将药品研发过程中获得的专利进行交易(见图7-2)。

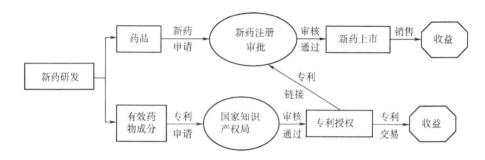

图7-2　新药研发产出

(2)药品研发收益分析。通过上述制药企业研发产出分析可以看出,企业研发产出主要包括两部分:一类是药品专利,另一类是新药。本书主要分析成功研发出来的新药给企业带来的收益。企业进行研发除了可以获得新药上市后的垄断利润外,还可以获得良好的声誉。良好的声誉给企业带来的优势不可估量,因此在分析企业研发收益时,不可忽略由研发给企业带来的间接收益。

药品研发的直接收益分析如下。原创药品的生命周期可大致分为三个阶段:(1)药品上市前,包括从研发阶段到通过监管部门审批获得市场准入;(2)专营销售期,在此阶段药品受到专利保护,可以从专营权获得收益;(3)失去专营权阶段,此阶段药品失去专利保护,仿制药品可以进入市场。仿制药品进入市场后对原创药品冲击很大,不仅包括销售量的影响,还包括价格上的影响。因此,应延长原创药品的专利保护有效时间。

在图7-3中,O—B表示药品上市前阶段,其中O—A表示药品研发阶段,A—B表示新药审批阶段;B—C表示药品的专营销售期;C—D表示药品失去专营权;a—C表示药物专利法定期限;B—b表示新药监测期。中国《药品注册管理办法》规定,根据保护公众健康要求,可以对批准生产的新药品种设立监测期。监测期自新药批准生产之日起计算,最长不得超过5年。监测期内的新药,国家食品药品监督管理总局不批准其他企业生产、改变剂型和进口。因此,监测期的设立也是对新药的一种变相保护,增加其市场独占程度。

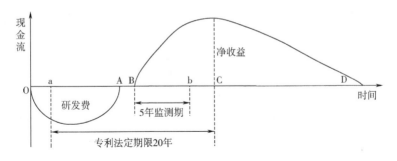

图 7-3 制药企业新药研发收益分析

假设研发投入用 K 表示,药品专营销售期内的年销量为 q_1、专营期限为 t_1、价格为 p_1、失去专营权后的年销量为 q_2、专营期限为 t_2、价格为 p_2,每单位药品成本为 c,则研发企业的研发收益为:

$$\pi\left(\int_0^{t_1} q_1 p_1 - cq_1 + \int_0^{t_2} q_2 p_2 - cq_2\right) - K \tag{7.1}$$

其中,t_1 = 药品专利法定期限(20) - 专利审批时间(t^{r1}) - 药品审批时间(t^{r2});p_1 受药品定价政策影响;q_2、t_2、p_2 主要受到仿制药品进入市场后,市场的竞争程度影响,且 $p_1 > p_2$。

由式(7.1)可知,增加 π 主要有三种途径:第一,增加专营期限内的收益,即缩短 t^{r1} 和 t^{r2},能够延长 t_1,从而达到增加 π 的目的;或增加 q_1,从而增加 π。第二,增加失去专营权后的收益,即降低仿制药进入市场后的影响。第三,减少研发投入(K)。

从新药销售收入方面分析新药研发收益如下。2006 年,全球药品市场销售额达 6 430 亿美元,前 50 强制药企业药物的总销售额达到 1 638 亿美元,占全球药品市场的 25.5%。2010 年,全球药品市场规模扩大到 8 500 亿美元,前十大品牌药物销售额均超过 686 亿美元。就单个畅销药的销售收入分析,辉瑞公司于 1997 年推出立普妥,该产品销售持续上涨,2004 年的销售额突破百亿美元,截至 2009 年,其总销售额累计高达 1 139 亿美元,2010 年的销售额达 118 亿美元,2011 年的销售额为 82 亿美元。

2007 年欧盟的十大畅销药品中,有些畅销药的营业额占公司总营业额的 55%。平均而言,畅销的重磅药品的营业额占公司全球营业额的 19%;前十位畅销药的销售额均在 20 亿欧元以上,最高达 92.5 亿欧元(见表 7-4)。根据公司提供的数据,重磅药品提供了公司 80% 的利润。

表7-4 2007年欧盟畅销药排名前十位

排名	商品名	欧盟销售收入（亿欧元）	全球销售收入（亿欧元）	占公司销售份额（%）
1	Liptor	19.2	92.5	30
2	Seretide/Advair	18.0	51.1	18
3	Risperdal	17.4	62.3	35
4	Clopidone	16.2	24.3	9
5	Herceptin	13.5	29.5	13
6	Pantoprazle	12.9	16.9	55
7	Enbrel	11.6	14.9	13
8	Eprex	11.1	16.4	9
9	Zyprexa	10.6	34.7	27
10	Glivec	9	22.3	13
合计/平均		139.7	364.9	19

资料来源：*Pharmaceutical Sector Inquiry*。

药品研发的间接收益分析如下。制药企业的研发投入除了给企业带来直接的新药销售收益外,还能帮助企业建立良好的声誉。良好的声誉给企业带来的收益巨大,大致可以分为两类:一类是有利于企业融资,另一类是有利于企业产品销售和营销。本节主要分析企业新药研发给企业在产品销售方面带来的间接收益。本书以仿制药进入市场后原创药品的价格和销量的变量为例来分析企业研发给企业带来的间接受益。

依据欧盟2009年对其制药产业调查分析的结论,仿制药品进入市场后对原创药品的冲击没有想象中那么严重。仿制药品不可能在原创药品刚失去专营权的时候立刻进入市场,调查样本中仿制药品进入市场的平均时间是7个月(即由原创药专营期结束到第一个仿制药进入市场的平均时间为7个月)。

仿制药进入市场后,尽管在销量和销售额方面都会对原创药品产生一定的影响,但是其影响效果较小,原创药品的价格不会立刻下降到和仿制药价格相当的水平。虽然原创药品的价格呈下降趋势,但是下降速度较慢,且远高于仿制药的市场价格。据2009年欧盟调查结果显示,仿制药品进入市场后,原创药品平均价格在失去专营权的第一年下降20%,第二年下降25%,第三年下降30%左右,很少出现大幅降价的情况。

7.2 优化制药产业技术创新专利制度激励机制

7.2.1 建立药品专利预警机制

制药行业的知识产权壁垒非常高,药品专利权的地域保护几乎涵盖了全世界绝大部分国家或地区,发达国家的药品专利保护走在前列,其药品专利设置期较早,拥有大量的药品专利,并且其新药研发及销售都领先于发展中国家。为了有效地规避发达国家的知识产权壁垒(专利壁垒),中国应建立制药产业的专利预警机制,从而提升国内制药企业的知识产权战略意识。

首先,要调查和分析大型跨国制药公司的知识产权布局情况,并预测相关知识产权诉讼的热点。政府相关管理部门和行业协会应当帮助并协助国内制药企业处理与外国制药企业产生的知识产权纠纷和跨国侵权诉讼案件,比如可以为国内制药企业提供跨国侵权诉讼所需的信息和相关的法律咨询服务。

其次,制药企业在进入新市场之前,也要进行相关的专利调查和市场调研,明确现有竞争者或潜在竞争者的药品专利状况,评估自己产品可能存在的侵权风险。如果新开发的产品可能涉及侵权,则应对其产品进行相应的改动,以绕开与其相关的专利覆盖的范围。除此之外,制药企业还可以通过专利预警机制研发和申请围绕已有专利发明的自有专利,从而改善制药企业在国际市场中的竞争地位。

7.2.2 推动企业成为创新主体

在过去,中国科研机构被赋予知识的生产者角色,他们往往不关注知识的转移与市场转化。科研机构研发成果的用户主要是高校,而高校是知识的传播者和生产者,他们通常不关注作为知识的使用者(企业)的需要,也不关心所拥有的知识是否可以进行商业化和市场化转化。这一资源配置方式导致知识产权的各主体之间功能分割,同时还抑制了各主体创新能力的发挥与发展。然而专利与市场经济具有天然的紧密联系,专利的最终目的是应用于产品,将产品推向市场,从而增加企业利润,推动国家经济增长。因此,企业才是专利创造和运用的真正主体。

为了有效地激发制药企业自主创新和加强专利保护意识,调动整个知识产权系统的活力,政府应当让制药企业通过药品专利产生切实的经济利益,而不是越俎代庖,大包大揽。在激励创新方面,仅通过行政手段激励企业,效果微弱且不持久,只有让知识产权与市场利益挂钩,让企业在市场中产生的利润激励企业去进行技术创新,才能真正提升中国的自主创新能力和知识产权保护意识。知识产权质押、风险投资、专利联营等各种方式,都是将知识产权转化为经济收益的有效方式,中国应当在这方面大力开展研究,创造良好的知识产权融资交易环境。

7.2.3 延长药品专利保护期

本书研究得出:药品专利保护期限与制药企业技术创新收益呈正相关关系,因此,延长药品专利保护期限有利于激发制药企业技术创新积极性,加大技术创新投入。姚颉靖(2010)研究了 27 个国家和地区药品专利保护期限立法状况,在药品专利法定基本保护期方面,27 个样本中绝大多数国家和地区按照TRIPS 协议的要求,将药品专利基本保护期设定为 20 年,只有古巴的基本保护期限为 15 年。在延长药品专利保护期方面,目前虽然还未统一建立带有强制性的国际标准,但各国已经相继制定了相应的延长药品专利的制度。延长药品专利期限的形式主要有:新药数据排他期制度、新指征数据排他期制度、儿童用药延长期制度、罕用药延长期制度等。

在发达国家中,加拿大的专利保护期最短(为 25 年),瑞典、捷克、比利时、法国、波兰、葡萄牙和德国等国的药品保护期限最长(43.5 年),其他国家的保护期为 35 至 43 年。而阿根廷、巴西、古巴、印度、墨西哥、南非和泰国 7 个国家没有制定延长药品专利保护期的相关制度。

药品专利的保护期限一般从专利申请之日起就开始计算。专利药品从上市申请提出到获得国家药品监督管理机构的批准需要较长时间,在美国,当局对 NDA 的平均审批时间为 1.8 年,因此,这段行政审批时间占用了专利保护期的一部分时间,从而导致专利权人实际获得的对专利药品的市场垄断期缩短。为此,美国 *Hatch-Waxman* 法案允许专利权人可以申请延长药品专利的保护期限。

美国对于延长期限具有两点限制:第一,最多延长 5 年;第二,自产品上市日起,专利保护期不得超过 14 年。专利保护期补偿时间的计算规定如下:临床试验研究时间的一半加上全部的对新药上市的审批时间,所得时间不能超过 5年,若长于 5 年,以 5 年计算。法律规定药品批准上市后的最长专利保护期不得长于 14 年;因此,如果从药品批准上市开始的专利保护期加上补偿时间超过

14 年,则以 14 年计算。

目前,中国《专利法》尚未引进药品专利期限延长制度。因此,可借鉴美国和欧盟的立法经验,建立药品专利期限延长制度,激励制药企业增加技术创新投入。

7.3 优化制药产业技术创新的新药规制激励机制

7.3.1 强化药品注册审批制度的创新导向

合理、稳定、有序的规制体系对形成良好的产业创新秩序和自主创新能力起着至关重要的作用。中国制药产业创新扭曲的一个重要原因就是新药的范围一直处于变动之中,没有做出鼓励创新的导向,造成相应的市场准入规制、价格规制等流于形式。中国药品监督管理的历史上,新药的范围经历过多次变化,直到 2007 年才开始向着正本清源的方向改进,但从最近两年的实践来看,新的《药品注册管理办法》仍为低层次仿制留有空间。新药范围的不确定性进一步放大了新药研发的风险,从而倒逼制药企业进行短期赌博式的博弈。新药审批是产业内最严格的规制范畴,在世界各国的法规中,新药注册的法规最多、要求最严,它也是与药品技术创新直接相关的规制制度。虽然最新实施的《药品注册管理办法》仍有许多不足,但可喜的是已经突出了鼓励药品技术创新的导向,现在需要做的是真正贯彻落实创新导向的要求,尤其是强化对注册申报资料真实性核查及生产现场检查的各项要求,确保上市药品与所需审评药品在质量、安全和有效性方面保持一致,严厉查处和打击药品研制和申报注册中的造假行为。在新药审评和审批的环节必须从外部寻求不与产业界存在利益关联的相关科学和技术方面的专家意见,由其对新药是否具有创新价值、能否上市直至上市后药品不良反应等全过程提供专业、独立的评价,并承担相应的审评责任。同时,对创新程度高或者急需、特需等重大、紧急新药积极落实特殊审批制度,鼓励真正有研发能力的企业投入新药技术创新。另外,新药如果不进行充分的试验,质量和安全就无法得到保障,为了降低新药的风险,由规制机构对新药进行审批是必要的。但中国新药审批需要进一步调整目前产业规制制度的不合理之处,增强导向性,弱化行政色彩,从产业层面促进制药产业创新体系的健康、有效形成。

需要指出的是,创新扭曲背后的实质是制度安排的问题,关系到医疗卫生体制、社会保障制度、政府规制制度等各个方面,因此,建立有利于促进制药产业技术创新规制体系的一个必要前提是:涉及整个医疗卫生体系的所有规制机构和规制措施必须严格各司其职,建立联动机制,否则即便某个规制环节搞好了,其他环节没有根本改观,同样不利于技术创新。令人欣慰的是,中国药监系统经过近年来的反腐风暴后,已经采取了更为积极的措施来改变现状,开始重新界定介入新药审批及相关事务的适当程序、范围和性质。

7.3.2 改革中国现行药品价格规制的政策建议

药品价格决定了制药企业药品研发的收益,既能够激励制药企业从事药品研发,又能够满足公众对新药的可获得性。目前,中国的药品定价机制还不完善,一方面,药品的价格信息不能真实反映制药产业的收益状况,激励制药企业创新的效果也就大打折扣;另一方面,为了应对药价虚高问题,政府只能让企业一味地降价,导致部分药品的价格矫枉过正,使一部分药品不得不退出市场,这反而降低了公众获取价廉质优药品的可能性。因此,调整中国药品定价制度需要和其他医疗体制改革措施配套进行,比如规范新药审批制度、公立医院补偿体制改革、药品流通环节调整、药品招标制度改革等。只有各种医改措施配合进行,药品价格规制才可能取得实质效果。

从中国现状来看,完善中国药品价格形成机制可以从以下几方面入手:

(1)运用药物经济学的工具合理制定药品价格。如何对药品合理定价,是一个非常有挑战性的问题。从中国药品定价的现状来看,现有的药品定价方式在实践中弊端较多。比如成本加成定价方式,在实践中企业的生产成本难以科学界定。药品主管部门受人力及社会成本所限,难以对每一种药品的成本进行准确核定,因此通常是以制药企业自行申报的成本为准。药品生产专业性较强,原料构成复杂,这就导致相关企业很可能虚报成本、抬高药价。因此,在药品价格制定方面,中国可以考虑引入药物经济学的工具,判断药品的性价比,以确保药品价格制定的合理性。

药物经济学研究药品的治疗成本和治疗技术,可以从供方、需方以及全社会的角度来进行分析和决策。在过去十几年里,药物经济学已经被许多工业化国家用来制定药品价格。中国可以借鉴国外成功经验,运用药物经济学的工具,引入科学规范的药品价格规制模型来指导药品定价,减少主观因素导致的偏差,提高药品价格制定的科学性。

(2)与医疗机构改革同步进行。药品定价制度改革必须得到医疗机构的配合才能顺利开展。随着医药分业的实施,医疗机构的财务补偿机制必须及时跟进,药品价格机制才可能正常发挥反映药品市场供求关系、调控医药资源配置的作用。如果医疗机构滥开处方、不合理用药的情形不能得到有效控制,医疗服务和药品之间的经济利益联系没有被彻底地切断,药品价格规制的效果也会微乎其微。这也是造成政府近十几年连续多次对药品进行降价控制但是收效甚微的主要原因。因此,药品定价制度的改革效果依赖于成功的医疗体制改革。

(3)密切结合医疗保险改革。大多数国家的实践表明,政府对药品价格的管制与本国的医疗保障制度密切相连。药品的需求缺乏弹性。消费者对药品价格通常较不敏感,并且也缺乏对药品合理价格的认定。中国当前的医保体系并没有像国外医保体系那样体现出需方压力的作用。中国药品的定价应该密切结合城镇居民医疗保障、城镇职工医疗保障、新型农村合作医疗保障等医疗保障制度,在价格的制定中应充分考虑药品价格对医疗保险补偿费用的影响。医保部门应积极参与到药品价格的制定中去,充分发挥医疗保障制度对药品价格的约束作用。

7.4 优化制药产业技术创新的专利制度与新药规制的协调激励机制

7.4.1 建立《药物参比制剂目录》

中国将来可能会有类似于《桔皮书》性质的《药物参比制剂目录》出现,这将大大减少中国仿制药低水平重复的现象,对中国制药行业发展较为有利。

7.4.2 规范专利药上市申请程序

细化《药品注册管理办法》,详细规定药品专利声明所包含的具体内容、方式,同时借鉴美国桔皮书制度,对药品专利信息公示内容加以分类,强化仿制药品注册申请中专利信息申报和公布的强制性和准确性。如果专利药品上市申请时就提供专利信息说明,方便其他申请者查询,就可以降低专利侵权概率,保障专利药品本身的权利。

7.4.3 加强部门协调,建立专利信息技术平台

建立国家食品药品监督管理总局和国家知识产权局在职能上的衔接协调

机制。通过修订《药品注册管理办法》对衔接双方的权利义务加以规范,有效防止因药品注册申请保密制度而造成的专利侵权现象,从而在药品专利和仿制药品发展之间达成有效均衡。随着中国药品监督管理理念的进步,不断借鉴国外药品专利衔接制度中的合理成分,为中国制药业发展提供良好建议,使中国药品专利衔接制度更加成熟和完善。建议药品监督管理部门与专利主管部门共同建立先进的信息技术平台,通过收集、整合、处理药品专利的相关信息,降低仿制药品专利侵权发生的概率。建立药品专利信息平台,采集药品研发阶段信息、药品审评和注册阶段信息、药品专利信息,引入仿制药专利侵权风险评估机制,将相关数据收集反馈给药品监督管理部门,实行严格审批制度。对可能侵犯专利权的仿制药,要求仿制药申请人与专利权人在一定时期内解决专利纠纷。如果仿制药侵犯专利权,相关部门将终止审评;如果仿制药没有专利侵权则审评继续。例如,丁香园医药专业网络平台可以查询药学常用数据库,包括药品注册与受理数据库、国产药品批准数据库、进口药品数据库、药品批准信息数据库、药品行政保护查询、药品临床试验相关数据库、美国上市药品数据库、美国药品专利数据库等,这些数据库有利于相关业者在药品注册申报过程中进行专利信息查询,虽然有时候,这些数据库的权威性还无从定论,但有这样的数据库出现,对药品注册申报工作还是非常重要和便利的。

附　录

附件1:中药、天然药物分类明细及说明

中药、天然药物分类明细及说明①

本文中的中药是指在我国传统医药理论指导下使用的药用物质及其制剂。

本文中的天然药物是指在现代医药理论指导下使用的天然药用物质及其制剂。

一、注册分类及说明

(一)注册分类

1.未在国内上市销售的从植物、动物、矿物等物质中提取的有效成分及其制剂。

2.新发现的药材及其制剂。

3.新的中药材代用品。

4.药材新的药用部位及其制剂。

5.未在国内上市销售的从植物、动物、矿物等物质中提取的有效部位及其制剂。

6.未在国内上市销售的中药、天然药物复方制剂。

7.改变国内已上市销售中药、天然药物给药途径的制剂。

8.改变国内已上市销售中药、天然药物剂型的制剂。

9.仿制药。

(二)说明

注册分类1~6的品种为新药,注册分类7、8按新药申请程序申报。

1."未在国内上市销售的从植物、动物、矿物等物质中提取的有效成分及其制剂"是指国家药品标准中未收载的从植物、动物、矿物等物质中提取得到的天然的单一成分及其制剂,其单一成分的含量应当占总提取物的90%以上。

---

① 详细参见《药品注册管理办法》中附件1:中药、天然药物注册分类及申报资料要求。

2."新发现的药材及其制剂"是指未被国家药品标准或省、自治区、直辖市地方药材规范(统称"法定标准")收载的药材及其制剂。

3."新的中药材代用品"是指替代国家药品标准中药成方制剂处方中的毒性药材或处于濒危状态药材的未被法定标准收载的药用物质。

4."药材新的药用部位及其制剂"是指具有法定标准药材的原动、植物新的药用部位及其制剂。

5."未在国内上市销售的从植物、动物、矿物等物质中提取的有效部位及其制剂"是指国家药品标准中未收载的从单一植物、动物、矿物等物质中提取的一类或数类成分组成的有效部位及其制剂,其有效部位含量应占提取物的50%以上。

6."未在国内上市销售的中药、天然药物复方制剂"包括:

6.1　中药复方制剂;

6.2　天然药物复方制剂;

6.3　中药、天然药物和化学药品组成的复方制剂。

中药复方制剂应在传统医药理论指导下组方。主要包括:来源于古代经典名方的中药复方制剂、主治为证候的中药复方制剂、主治为病证结合的中药复方制剂等。

天然药物复方制剂应在现代医药理论指导下组方,其适应症用现代医学术语表述。

中药、天然药物和化学药品组成的复方制剂包括中药和化学药品,天然药物和化学药品,以及中药、天然药物和化学药品三者组成的复方制剂。

7."改变国内已上市销售中药、天然药物给药途径的制剂"是指不同给药途径或吸收部位之间相互改变的制剂。

8."改变国内已上市销售中药、天然药物剂型的制剂"是指在给药途径不变的情况下改变剂型的制剂。

9."仿制药"是指注册申请我国已批准上市销售的中药或天然药物。

附件2：国家化学药品分类标准明细

化学药品注册分类明细如下①：

1 类：境内外均未上市的创新药。指含有新的结构明确的、具有药理作用的化合物，且具有临床价值的药品。

2 类：境内外均未上市的改良型新药。指在已知活性成分的基础上，对其结构、剂型、处方工艺、给药途径、适应症等进行优化，且具有明显临床优势的药品。

3 类：境内申请人仿制境外上市但境内未上市原研药品的药品。该类药品应与原研药品的质量和疗效一致。

原研药品指境内外首个获准上市，且具有完整和充分的安全性、有效性数据作为上市依据的药品。

4 类：境内申请人仿制已在境内上市原研药品的药品。该类药品应与原研药品的质量和疗效一致。

5 类：境外上市的药品申请在境内上市。

注册分类	分类说明	包含的情形
1	境内外均未上市的创新药	含有新的结构明确的、具有药理作用的化合物，且具有临床价值的原料药及其制剂。
2	境内外均未上市的改良型新药	2.1　含有用拆分或者合成等方法制得的已知活性成分的光学异构体，或者对已知活性成分成酯，或者对已知活性成分成盐（包括含有氢键或配位键的盐），或者改变已知盐类活性成分的酸根、碱基或金属元素，或者形成其他非共价键衍生物（如络合物、螯合物或包合物），且具有明显临床优势的原料药及其制剂。
		2.2　含有已知活性成分的新剂型（包括新的给药系统）、新处方工艺、新给药途径，且具有明显临床优势的制剂。
		2.3　含有已知活性成分的新复方制剂，且具有明显临床优势。
		2.4　含有已知活性成分的新适应症的制剂。

---

①　详细参见《化学药品注册分类改革工作方案》中对化学药品注册分类的调整规定。

续表

注册分类	分类说明	包含的情形
3	仿制境外上市但境内未上市原研药品的药品	具有与原研药品相同的活性成分、剂型、规格、适应症、给药途径和用法用量的原料药及其制剂。
4	仿制境内已上市原研药品的药品	具有与原研药品相同的活性成分、剂型、规格、适应症、给药途径和用法用量的原料药及其制剂。
5	境外上市的药品申请在境内上市	5.1　境外上市的原研药品(包括原料药及其制剂)申请在境内上市。
		5.2　境外上市的非原研药品(包括原料药及其制剂)申请在境内上市。

注:1."已知活性成分"指"已上市药品的活性成分"。

　　2.注册分类2.3中不包括"含有未知活性成分的新复方制剂"。

附件3:《药品注册管理办法》(节选) 和《化学药品注册分类改革工作方案》

《药品注册管理办法》(节选)

第一章 总 则

第一条 为保证药品的安全、有效和质量可控,规范药品注册行为,根据《中华人民共和国药品管理法》(以下简称《药品管理法》)、《中华人民共和国行政许可法》(以下简称《行政许可法》)、《中华人民共和国药品管理法实施条例》(以下简称《药品管理法实施条例》),制定本办法。

第三条 药品注册,是指国家食品药品监督管理总局根据药品注册申请人的申请,依照法定程序,对拟上市销售药品的安全性、有效性、质量可控性等进行审查,并决定是否同意其申请的审批过程。

第四条 国家鼓励研究创制新药,对创制的新药、治疗疑难危重疾病的新药实行特殊审批。

第二章 基本要求

第十二条 新药申请,是指未曾在中国境内上市销售的药品的注册申请。

对已上市药品改变剂型、改变给药途径、增加新适应症的药品注册按照新药申请的程序申报。

仿制药申请,是指生产国家食品药品监督管理总局已批准上市的已有国家标准的药品的注册申请;但是生物制品按照新药申请的程序申报。

进口药品申请,是指境外生产的药品在中国境内上市销售的注册申请。

第三章 药物的临床试验

第三十条 药物的临床试验(包括生物等效性试验),必须经过国家食品药品监督管理总局批准,且必须执行《药物临床试验质量管理规范》。

药品监督管理部门应当对批准的临床试验进行监督检查。

第三十一条 申请新药注册,应当进行临床试验。仿制药申请和补充申请,根据本办法附件规定进行临床试验。

临床试验分为Ⅰ、Ⅱ、Ⅲ、Ⅳ期。

Ⅰ期临床试验:初步的临床药理学及人体安全性评价试验。观察人体对于新药的耐受程度和药代动力学,为制定给药方案提供依据。

Ⅱ期临床试验:治疗作用初步评价阶段。其目的是初步评价药物对目标适应症患者的治疗作用和安全性,也包括为Ⅲ期临床试验研究设计和给药剂量方案的确定提供依据。此阶段的研究设计可以根据具体的研究目的,采用多种形式,包括随机盲法对照临床试验。

Ⅲ期临床试验:治疗作用确证阶段。其目的是进一步验证药物对目标适应症患者的治疗作用和安全性,评价利益与风险关系,最终为药物注册申请的审查提供充分的依据。试验一般应为具有足够样本量的随机盲法对照试验。

Ⅳ期临床试验:新药上市后应用研究阶段。其目的是考察在广泛使用条件下的药物的疗效和不良反应,评价在普通或者特殊人群中使用的利益与风险关系以及改进给药剂量等。

生物等效性试验,是指用生物利用度研究的方法,以药代动力学参数为指标,比较同一种药物的相同或者不同剂型的制剂,在相同的试验条件下,其活性成分吸收程度和速度有无统计学差异的人体试验。

第三十二条 药物临床试验的受试例数应当符合临床试验的目的和相关统计学的要求,并且不得少于本办法附件规定的最低临床试验病例数。罕见病、特殊病种等情况,要求减少临床试验病例数或者免做临床试验的,应当在申请临床试验时提出,并经国家食品药品监督管理总局审查批准。

第三十三条 在菌毒种选种阶段制备的疫苗或者其他特殊药物,确无合适的动物模型且实验室无法评价其疗效的,在保证受试者安全的前提下,可以向国家食品药品监督管理总局申请进行临床试验。

第三十四条 药物临床试验批准后,申请人应当从具有药物临床试验资格的机构中选择承担药物临床试验的机构。

第三十五条 临床试验用药物应当在符合《药品生产质量管理规范》的车间制备。制备过程应当严格执行《药品生产质量管理规范》的要求。

申请人对临床试验用药物的质量负责。

第三十六条 申请人可以按照其拟定的临床试验用样品标准自行检验临

床试验用药物,也可以委托本办法确定的药品检验所进行检验;疫苗类制品、血液制品、国家食品药品监督管理总局规定的其他生物制品,应当由国家食品药品监督管理总局指定的药品检验所进行检验。

临床试验用药物检验合格后方可用于临床试验。

药品监督管理部门可以对临床试验用药物抽查检验。

第四章　新药申请的申报与审批

第四十五条　国家食品药品监督管理总局对下列申请可以实行特殊审批:

(一)未在国内上市销售的从植物、动物、矿物等物质中提取的有效成分及其制剂,新发现的药材及其制剂;

(二)未在国内外获准上市的化学原料药及其制剂、生物制品;

(三)治疗艾滋病、恶性肿瘤、罕见病等疾病且具有明显临床治疗优势的新药;

(四)治疗尚无有效治疗手段的疾病的新药。

符合前款规定的药品,申请人在药品注册过程中可以提出特殊审批的申请,由国家食品药品监督管理总局药品审评中心组织专家会议讨论确定是否实行特殊审批。

特殊审批的具体办法另行制定。

第四十六条　多个单位联合研制的新药,应当由其中的一个单位申请注册,其他单位不得重复申请;需要联合申请的,应当共同署名作为该新药的申请人。新药申请获得批准后每个品种,包括同一品种的不同规格,只能由一个单位生产。

第四十七条　对已上市药品改变剂型但不改变给药途径的注册申请,应当采用新技术以提高药品的质量和安全性,且与原剂型比较有明显的临床应用优势。

改变剂型但不改变给药途径,以及增加新适应症的注册申请,应当由具备生产条件的企业提出;靶向制剂、缓释、控释制剂等特殊剂型除外。

第四十八条　在新药审批期间,新药的注册分类和技术要求不因相同活性成分的制剂在国外获准上市而发生变化。

在新药审批期间,其注册分类和技术要求不因国内药品生产企业申报的相同活性成份的制剂在我国获准上市而发生变化。

第四十九条　药品注册申报资料应当一次性提交,药品注册申请受理后不得自行补充新的技术资料;进入特殊审批程序的注册申请或者涉及药品安全性的新发现,以及按要求补充资料的除外。申请人认为必须补充新的技术资料的,应当撤回其药品注册申请。申请人重新申报的,应当符合本办法有关规定且尚无同品种进入新药监测期。

第一节 新药临床试验

第五十条 申请人完成临床前研究后,应当填写《药品注册申请表》,向所在地省、自治区、直辖市药品监督管理部门如实报送有关资料。

第五十一条 省、自治区、直辖市药品监督管理部门应当对申报资料进行形式审查,符合要求的,出具药品注册申请受理通知书;不符合要求的,出具药品注册申请不予受理通知书,并说明理由。

第五十二条 省、自治区、直辖市药品监督管理部门应当自受理申请之日起 5 日内组织对药物研制情况及原始资料进行现场核查,对申报资料进行初步审查,提出审查意见。申请注册的药品属于生物制品的,还需抽取 3 个生产批号的检验用样品,并向药品检验所发出注册检验通知。

第五十三条 省、自治区、直辖市药品监督管理部门应当在规定的时限内将审查意见、核查报告以及申报资料送交国家食品药品监督管理总局药品审评中心,并通知申请人。

第五十四条 接到注册检验通知的药品检验所应当按申请人申报的药品标准对样品进行检验,对申报的药品标准进行复核,并在规定的时间内将药品注册检验报告送交国家食品药品监督管理总局药品审评中心,并抄送申请人。

第五十五条 国家食品药品监督管理总局药品审评中心收到申报资料后,应在规定的时间内组织药学、医学及其他技术人员对申报资料进行技术审评,必要时可以要求申请人补充资料,并说明理由。完成技术审评后,提出技术审评意见,连同有关资料报送国家食品药品监督管理总局。

国家食品药品监督管理总局依据技术审评意见作出审批决定。符合规定的,发给《药物临床试验批件》;不符合规定的,发给《审批意见通知件》,并说明理由。

第二节 新药生产

第五十六条 申请人完成药物临床试验后,应当填写《药品注册申请表》,向所在地省、自治区、直辖市药品监督管理部门报送申请生产的申报资料,并同时向中国药品生物制品检定所报送制备标准品的原材料及有关标准物质的研究资料。

第五十七条 省、自治区、直辖市药品监督管理部门应当对申报资料进行形式审查,符合要求的,出具药品注册申请受理通知书;不符合要求的,出具药品注册申请不予受理通知书,并说明理由。

第五十八条 省、自治区、直辖市药品监督管理部门应当自受理申请之日起 5 日内组织对临床试验情况及有关原始资料进行现场核查,对申报资料进行初步审查,提出审查意见。除生物制品外的其他药品,还需抽取 3 批样品,向药品检验所发出标准复核的通知。

省、自治区、直辖市药品监督管理部门应当在规定的时限内将审查意见、核查报告及申报资料送交国家食品药品监督管理总局药品审评中心,并通知申请人。

第五十九条 药品检验所应对申报的药品标准进行复核,并在规定的时间内将复核意见送交国家食品药品监督管理总局药品审评中心,同时抄送通知其复核的省、自治区、直辖市药品监督管理部门和申请人。

第六十条 国家食品药品监督管理总局药品审评中心收到申报资料后,应当在规定的时间内组织药学、医学及其他技术人员对申报资料进行审评,必要时可以要求申请人补充资料,并说明理由。

经审评符合规定的,国家食品药品监督管理总局药品审评中心通知申请人申请生产现场检查,并告知国家食品药品监督管理总局药品认证管理中心;经审评不符合规定的,国家食品药品监督管理总局药品审评中心将审评意见和有关资料报送国家食品药品监督管理总局,国家食品药品监督管理总局依据技术审评意见,作出不予批准的决定,发给《审批意见通知件》,并说明理由。

第六十一条 申请人应当自收到生产现场检查通知之日起 6 个月内向国家食品药品监督管理总局药品认证管理中心提出现场检查的申请。

第六十二条 国家食品药品监督管理总局药品认证管理中心在收到生产现场检查的申请后,应当在 30 日内组织对样品批量生产过程等进行现场检查,确认核定的生产工艺的可行性,同时抽取 1 批样品(生物制品抽取 3 批样品),送进行该药品标准复核的药品检验所检验,并在完成现场检查后 10 日内将生产现场检查报告送交国家食品药品监督管理总局药品审评中心。

第六十三条 样品应当在取得《药品生产质量管理规范》认证证书的车间生产;新开办药品生产企业、药品生产企业新建药品生产车间或者新增生产剂型的,其样品生产过程应当符合《药品生产质量管理规范》的要求。

第六十四条 药品检验所应当依据核定的药品标准对抽取的样品进行检验,并在规定的时间内将药品注册检验报告送交国家食品药品监督管理总局药品审评中心,同时抄送相关省、自治区、直辖市药品监督管理部门和申请人。

第六十五条 国家食品药品监督管理总局药品审评中心依据技术审评意见、样品生产现场检查报告和样品检验结果,形成综合意见,连同有关资料报送国家食品药品监督管理总局。国家食品药品监督管理总局依据综合意见,作出审批决定。符合规定的,发给新药证书,申请人已持有《药品生产许可证》并具备生产条件的,同时发给药品批准文号;不符合规定的,发给《审批意见通知件》,并说明理由。

改变剂型但不改变给药途径,以及增加新适应症的注册申请获得批准后不发给新药证书;靶向制剂、缓释、控释制剂等特殊剂型除外。

第三节 新药监测期

第六十六条 国家食品药品监督管理总局根据保护公众健康的要求,可以对批准生产的新药品种设立监测期。监测期自新药批准生产之日起计算,最长不得超过5年。

监测期内的新药,国家食品药品监督管理总局不批准其他企业生产、改变剂型和进口。

第六十七条 药品生产企业应当考察处于监测期内的新药的生产工艺、质量、稳定性、疗效及不良反应等情况,并每年向所在地省、自治区、直辖市药品监督管理部门报告。药品生产企业未履行监测期责任的,省、自治区、直辖市药品监督管理部门应当责令其改正。

第六十八条 药品生产、经营、使用及检验、监督单位发现新药存在严重质量问题、严重或者非预期的不良反应时,应当及时向省、自治区、直辖市药品监督管理部门报告。省、自治区、直辖市药品监督管理部门收到报告后应当立即组织调查,并报告国家食品药品监督管理总局。

第六十九条 药品生产企业对设立监测期的新药从获准生产之日起2年内未组织生产的,国家食品药品监督管理总局可以批准其他药品生产企业提出的生产该新药的申请,并重新对该新药进行监测。

第七十条 新药进入监测期之日起,国家食品药品监督管理总局已经批准其他申请人进行药物临床试验的,可以按照药品注册申报与审批程序继续办理该申请,符合规定的,国家食品药品监督管理总局批准该新药的生产或者进口,并对境内药品生产企业生产的该新药一并进行监测。

第七十一条　新药进入监测期之日起,不再受理其他申请人的同品种注册申请。已经受理但尚未批准进行药物临床试验的其他申请人同品种申请予以退回;新药监测期满后,申请人可以提出仿制药申请或者进口药品申请。

第七十二条　进口药品注册申请首先获得批准后,已经批准境内申请人进行临床试验的,可以按照药品注册申报与审批程序继续办理其申请,符合规定的,国家食品药品监督管理总局批准其进行生产;申请人也可以撤回该项申请,重新提出仿制药申请。对已经受理但尚未批准进行药物临床试验的其他同品种申请予以退回,申请人可以提出仿制药申请。

《化学药品注册分类改革工作方案》

为鼓励新药创制,严格审评审批,提高药品质量,促进产业升级,对当前化学药品注册分类进行改革,特制定本工作方案。

一、调整化学药品注册分类类别

对化学药品注册分类类别进行调整,化学药品新注册分类共分为 5 个类别,具体如下:

1 类:境内外均未上市的创新药。指含有新的结构明确的、具有药理作用的化合物,且具有临床价值的药品。

2 类:境内外均未上市的改良型新药。指在已知活性成分的基础上,对其结构、剂型、处方工艺、给药途径、适应症等进行优化,且具有明显临床优势的药品。

3 类:境内申请人仿制境外上市但境内未上市原研药品的药品。该类药品应与原研药品的质量和疗效一致。

原研药品指境内外首个获准上市,且具有完整和充分的安全性、有效性数据作为上市依据的药品。

4 类:境内申请人仿制已在境内上市原研药品的药品。该类药品应与原研药品的质量和疗效一致。

5 类:境外上市的药品申请在境内上市。

注册分类	分类说明	包含的情形
1	境内外均未上市的创新药	含有新的结构明确的、具有药理作用的化合物,且具有临床价值的原料药及其制剂。

注册分类	分类说明	包含的情形
2	境内外均未上市的改良型新药	2.1 含有用拆分或者合成等方法制得的已知活性成分的光学异构体,或者对已知活性成分成酯,或者对已知活性成分成盐(包括含有氢键或配位键的盐),或者改变已知盐类活性成分的酸根、碱基或金属元素,或者形成其他非共价键衍生物(如络合物、螯合物或包合物),且具有明显临床优势的原料药及其制剂。
		2.2 含有已知活性成分的新剂型(包括新的给药系统)、新处方工艺、新给药途径,且具有明显临床优势的制剂。
		2.3 含有已知活性成分的新复方制剂,且具有明显临床优势。
		2.4 含有已知活性成分的新适应症的制剂。
3	仿制境外上市但境内未上市原研药品的药品	具有与原研药品相同的活性成分、剂型、规格、适应症、给药途径和用法用量的原料药及其制剂。
4	仿制境内已上市原研药品的药品	具有与原研药品相同的活性成分、剂型、规格、适应症、给药途径和用法用量的原料药及其制剂。
5	境外上市的药品申请在境内上市	5.1 境外上市的原研药品(包括原料药及其制剂)申请在境内上市。
		5.2 境外上市的非原研药品(包括原料药及其制剂)申请在境内上市。

注:1."已知活性成分"指"已上市药品的活性成分"。

　　2.注册分类2.3中不包括"含有未知活性成分的新复方制剂"。

二、相关注册管理要求

(一)对新药的审评审批,在物质基础原创性和新颖性基础上,强调临床价值的要求,其中改良型新药要求比改良前具有明显的临床优势。对仿制药的审评审批,强调与原研药品质量和疗效的一致。

(二)新注册分类1、2类别药品,按照《药品注册管理办法》中新药的程序申报;新注册分类3、4类别药品,按照《药品注册管理办法》中仿制药的程序申报;新注册分类5类别药品,按照《药品注册管理办法》中进口药品的程序申报。

新注册分类2类别的药品,同时符合多个情形要求的,须在申请表中一并予以列明。

(三)根据《中华人民共和国药品管理法实施条例》的有关要求,对新药设

立 3 - 5 年监测期,具体如下:

注册分类	监测期期限
1	5 年
2.1	3 年
2.2	4 年
2.3	4 年
2.4	3 年

(四)本方案发布实施前已受理的化学药品注册申请,可以继续按照原规定进行审评审批,也可以申请按照新注册分类进行审评审批。如申请按照新注册分类进行审评审批,补交相关费用后,不再补交技术资料,国家食品药品监督管理总局药品审评中心要设立绿色通道,加快审评审批。符合要求的,批准上市;不符合要求的,不再要求补充资料,直接不予批准。

(五)新注册分类的注册申请所核发的药品批准文号(进口药品注册证/医药产品注册证)效力与原注册分类的注册申请核发的药品批准文号(进口药品注册证/医药产品注册证)效力等同。

(六)国家食品药品监督管理总局组织相关部门细化工作要求,做好受理、核查检查、技术审评及制定、修订相关国家药品标准等工作。

(七)《药品注册管理办法》与本方案不一致的,按照本方案要求执行。

附件4:《药品政府定价办法》和
《药品流通环节价格管理暂行办法》

《药品政府定价办法》

第一条 为规范药品政府定价行为,明确政府定价原则、方法和程序,根据国家计委《关于改革药品价格管理的意见》制定本办法。

第二条 政府定价要综合考虑国家宏观调控政策、产业政策和医药卫生政策,并遵循以下原则:

(一)生产经营者能够弥补合理生产成本并获得合理利润;

(二)反映市场供求;

(三)体现药品质量和疗效的差异;

(四)保持药品合理比价;

(五)鼓励新药的研制开发。

第三条 药品政府定价,要综合考虑其合理生产经营成本、利润,同类药品或替代药品的价格,必要时要参考国际市场同种药品价格。

第四条 药品政府定价原则上要按照社会平均成本制定。对市场供大于求的药品,要按能满足社会需要量的社会先进成本定价。

第五条 同种条件生产的同一种药品,不同剂型、规格和包装之间要以单位有效成份的价格为基础保持合理的比价关系。

第六条 区别GMP与非GMP药品、原研制与仿制药品、新药和名优药品与普通药品定价,优质优价。其中,剂型规格相同的同一种药品,GMP药品比非GMP药品,针剂差价率不超过40%,其他剂型差价率不超过30%;已过发明国专利保护期的原研制药品比GMP企业生产的仿制药品,针剂差价率不超过35%,其他剂型差价率不超过30%。

第七条 企业生产经营的政府定价药品,其产品有效性和安全性明显优于或治疗周期和治疗费用明显低于其他企业生产的同种药品的,可以向定价部门申请单独定价。药品单独定价按照规定的论证办法进行。

第八条 国产药品和进口分装药品的零售价格由生产企业的出厂价和流

通差价构成,含税出厂价格由制造成本、期间费用、利润和税金构成;进口药品的零售价格由口岸价和流通差价构成,含税口岸价由到岸价、口岸地费用(包括报关费、检疫费、药检费、运杂费、仓储费等)和税金构成。药品流通差价由商业批发和零售企业的期间费用、利润和税金构成。

药品零售价的计算公式为:

$$零售价 = 含税出厂价(口岸价) \times (1 + 流通差价率)$$

国产和进口分装药品出厂价的计算公式为:

$$含税出厂价 = (制造成本 + 期间费用) \div (1 - 销售利润率) \times (1 + 增值税率)$$

进口药品口岸价的计算公式为:

$$含税口岸价 = 到岸价 \times (1 + 关税率) \times (1 + 增值税率) + 口岸地费用$$

第九条　按照国家财务会计制度有关规定审核药品制造成本和期间费用。制造成本和期间费用应以企业正常生产条件下实际发生水平为基础进行核定,对因非正常原因造成制造成本和期间费用过高的,应作适当调减。

第十条　根据各类药品的不同情况,实行有差别的销售费用率(指药品销售费用占销售收入的比重,下同)。各类药品的最高销售费用率详见附表一。

第十一条　根据各类药品创新程度的不同,实行有差别的最高销售利润率(指销售利润占销售收入的比重,下同)。各类药品的销售利润率详见附表一。

第十二条　根据药品批发和零售企业正常经营费用和利润核定药品流通差价率,并实行差别差价率,高价格的药品差价率从低,低价格的药品差价率从高。药品适用的流通差价率,按药品正常零售包装量的价格确定。各类药品的最高流通差价率详见附表二。

第十三条　医院制剂零售价格按保本微利原则制定。零售价格由制造成本加不超过5%的利润构成。其计算公式为:

$$零售价格 = 制造成本 \times (1 + 制造成本利润率)$$

医院制剂的原料损耗,中药最高不得超过20%,西药最高不得超过5%。

调剂购进的医院制剂,医疗单位以实际购进价格为基础加不超过5%的利润制定零售价格。

第十四条　中药饮片的出厂、批发实行同价,无税价与增值税分开。中药饮片出厂价的计算公式为:

$$含税出厂价格(含税批发价格) = 〔原药实际进货价/(1 - 损耗率) + 辅料费 + 各项费用〕\times (1 + 成本利润率) \times (1 + 增值税率)$$

其中,损耗率、各项费用标准在不突破饮片现行价格水平的前提下,根据饮片生产经营企业的实际情况具体确定;成本利润率为5%。

中药饮片零售价的计算公式为:

$$零售价 = 含税出厂价 \times (1 + 流通差价率)$$

第十五条 麻醉药品和一类精神药品流通环节作价办法按《麻醉药品销售价格作价办法》(原国家医药管理局国药财〔1988〕579号)的规定执行。国家计委调整麻醉药品和一类精神药品出厂价格后,各地可按上述作价办法确定流通环节的销售价格。出厂价格未作调整时,流通环节的销售价格不得调整。

第十六条 对已制定并公布的政府定价,根据药品实际流通差率、市场供求变化等情况进行调整。

第十七条 药品政府定价的制定或调整,按规定的申报审批办法进行。

附表一 国产药品最高销售费用率和最高销售利润率(%)表

药品分类	最高销售费用率%	最高销售利润率%
一类新药	30	45
二类新药	20	25
三类新药	18	18
四类新药	15	15
五类新药	12	12
普通药品	10	10

注:专利药品和进口分装药品的最高销售费用率、最高销售利润率比照上表执行。

附表二 药品最高流通差别差价率(差价额)表

项目	流通差价率(差价额)	
含税出厂(口岸)价	按出厂(口岸)价顺加计算	按零售价倒扣计算
0 - 5.00	50%	33%
5.01 - 6.25	2.50	2.50
6.26 - 10.00	40%	29%
10.01 - 12.50	4.00	4.00
12.51 - 50.00	32%	24%
50.01 - 57.14	16.00	16.00
57.14 - 100.00	28%	22%
100.01 - 112.00	28.00	28.00
112.01 - 500.00	25%	20%
500.01 以上	15% + 50.00	13% + 43.50

《药品流通环节价格管理暂行办法》

第一条　为规范药品市场交易价格行为,维护患者和经营者合法权益,促进药品流通行业结构调整,根据《中华人民共和国价格法》、《中共中央国务院关于深化医药卫生体制改革的意见》、《国家发展和改革委员会卫生部人力资源和社会保障部关于印发改革药品和医疗服务价格形成机制的意见的通知》等法律法规和政策规定制定本办法。

第二条　本办法适用于政府定价范围内的药品,从出厂(进口)经非营利性医疗机构(以下简称医疗机构)销售给患者的价格管理。

第三条　药品流通环节价格管理,是指由价格主管部门对药品批发环节和医疗机构销售环节差价率(额)的实行上限控制的价格管理行为。

批发环节是指药品从出厂(进口)到医疗机构购进的过程。

医疗机构销售环节是指药品从医疗机构购进到销售给患者的过程。

第四条　药品出厂(口岸)价格由经营者按照公平、合法和诚实信用的原则自主确定。

经营者应当及时将上一年度的最低、最高和平均出厂(口岸)价格报送至国家发展改革委指定的药品价格信息平台。

平均出厂(口岸)价格,是指按照药品年销售收入和年销售数量计算的出厂(口岸)价格。

第五条　出厂价格由药品生产企业报送,口岸价格可由生产企业或境外生产企业授权的国内经营企业报送。

第六条　报送药品出厂(口岸)价格,应同时上传以下信息:

(一)药品说明书扫描件以及药品最小零售包装的外观照片一张;

(二)不少于三张生产企业销售给经销企业的完税凭证扫描件(PDF 格式)。完税凭证可以是完税发票或增值税专用缴款书,每张完税凭证的开具时间,间隔不少于 2 个月;

(三)价格主管部门要求补充的其他材料。

第七条　各省(区、市)价格主管部门通过药品价格信息平台查询、调查有关企业的药品出厂(口岸)价格,对本行政区域内药品流通环节的价格行为实施监管。

第八条　药品批发环节的实际差价按照"低价高差率,高价低差率"的办法,实行差率(额)控制。药品批发环节差率(额)控制标准详见附表一。

第九条 逐步取消医疗机构销售药品加成。按规定尚未实施零差率销售药品的医疗机构,可在实际购进价格基础上加不超过规定的医疗机构销售环节差率(额)销售药品。医疗机构销售环节差率(额)控制标准见附表二。

医疗机构销售不同品牌的同种药品,所加差额不得超过按统一最高零售价格计算的最大加价额。

第十条 各省(区、市)价格主管部门应按照本办法规定的差率(额)审核公布中标(入围)药品的医疗机构零售价格。对不按规定报送出厂(口岸)价格的生产企业,以及批发环节差价超过规定标准的药品,不公布其医疗机构零售价格,并通报当地药品招标采购机构。

第十一条 政府定价范围内的麻醉药品(含按麻醉药品管理的药品)、一类精神药品、按国家指令性计划生产并由国家统一收购的避孕药具、免疫规划疫苗、医疗机构制剂、中药饮片,批发环节和医疗机构销售环节的差价率(额)按现行规定执行。

第十二条 国家和省有关部门正式公布的廉价短缺药品和国家另有规定的其他药品,在不超过政府规定价格的前提下,不执行本办法规定的批发环节和医疗机构销售环节差价率(额)控制。

第十三条 下列行为由价格主管部门依据《价格法》、《价格违法行为行政处罚规定》等有关规定予以处罚:

(一)向价格主管部门提供虚假材料的;

(二)医疗机构和药品生产经营者超过规定差率(额)销售药品的;

(三)其他价格违法行为。

第十四条 各省(区、市)价格主管部门可以根据本办法,结合当地实际制定实施细则。

第十五条 本办法自 2012 年 7 月 1 日起执行。

附表一　药品批发环节实际差价率(额)控制标准

序号	出厂(口岸)价格	差价率(额)
1	10 元以下	30%
2	10 元－40 元	20% +1 元
3	40 元－200 元	15% +3 元
4	200 元－800 元	10% +18 元
5	800 元－2000 元	8% +34 元

序号	出厂(口岸)价格	差价率(额)
6	2000 元以上	194 元

注:1. 注射剂按最小计量单位的价格计算,其他剂型按最小零售包装的价格计算。

2. 按照药品监督管理部门规定,必须采用冷链贮存和运输的药品,各价格区间对应批发环节差价率可增加 2 个百分点,增加总金额不超过 10 元。

附表二　药品医疗机构销售环节实际差价率(额)控制标准

序号	出厂(口岸)价格	差价率(额)
1	10 元以下	25%
2	10 元 – 40 元	15% +1 元
3	40 元 – 200 元	10% +3 元
4	200 元 – 800 元	8% +5 元
5	800 元以上	69 元

附件 5：1995—2011 年中国药品专利立法强度

1995—2011 年中国药品专利立法强度

一级指标	二级指标	1995	1996	1997	1998	1999	2000	2001	2002	2003	2004	2005	2006	2007	2008	2009	2010	2011
保护期限（A）	A1	1	1	1	1	1	1	1	1	1	1	1	1	1	1	1	1	1
	A2	0	0	0	0	0	0	0	0	0	0	0	0	0	0	0	0	0
	A3	0	0	0	0	0	0	0	0.6	0.6	0.6	0.6	0.6	0.6	0.6	0.6	0.6	0.6
	A4	0	0	0	0	0	0	0	0	0	0	0	0	0	0	0	0	0
	A5	0	0	0	0	0	0	0	0	0	0	0	0	0	0	0	0	0
	A6	0	0	0	0	0	0	0	0	0	0	0	0	0	0	0	0	0
	得分	0.6	0.6	0.6	0.6	0.6	0.6	0.6	0.66	0.66	0.66	0.66	0.66	0.66	0.66	0.66	0.66	0.66
保护范围（B）	B1	1	1	1	1	1	1	1	1	1	1	1	1	1	1	1	1	1
	B2	1	1	1	1	1	1	1	1	1	1	1	1	1	1	1	1	1
	B3	0	0	0	0	0	0	0	1	1	1	1	1	1	1	1	1	1
	B4	0	0	0	0	0	0	0	0	0	0	0	0	0	0	0	0	0
	得分	5/8	5/8	5/8	5/8	5/8	5/8	5/8	6/8	6/8	6/8	6/8	6/8	6/8	6/8	6/8	6/8	6/8

续表

二级指标	三级指标	1995	1996	1997	1998	1999	2000	2001	2002	2003	2004	2005	2006	2007	2008	2009	2010	2011
是否参与国际条约（C）	C1	1	1	1	1	1	1	1	1	1	1	1	1	1	1	1	1	1
	C2	1	1	1	1	1	1	1	1	1	1	1	1	1	1	1	1	1
	C3	1	1	1	1	1	1	1	1	1	1	1	1	1	1	1	1	1
	C4	1	1	1	1	1	1	1	1	1	1	1	1	1	1	1	1	1
	C5	1	1	1	1	1	1	1	1	1	1	1	1	1	1	1	1	1
	得分	1	1	1	1	1	1	1	1	1	1	1	1	1	1	1	1	1
专利权排他强度（D）	D1	0	0	0	0	0	0	0	0	0	0	0	0	0	0	1	1	1
	D2	1	1	1	1	1	1	1	1	1	1	1	1	1	1	1	1	1
	D3	1	1	1	1	1	1	1	1	1	1	1	1	1	1	0	0	0
	得分	0.8	0.8	0.8	0.8	0.8	0.8	0.8	0.8	0.8	0.8	0.8	0.8	0.8	0.8	0.6	0.6	0.6
司法适用原则（E）	E1	0	0	0	0	0	0	1	1	1	1	1	1	1	1	1	1	1
	得分	0	0	0	0	0	0	1	1	1	1	1	1	1	1	1	1	1
执行机制（F）	F1	0	0	0	0	0	0	0	1	1	1	1	1	1	1	1	1	1
	F2	0	0	0	0	0	0	0	0	0	0	0	0	0	0	0	0	0
	F3	1	1	1	1	1	1	1	1	1	1	1	1	1	1	1	1	1
	得分	1/3	1/3	1/3	1/3	1/3	1/3	2/3	2/3	2/3	2/3	2/3	2/3	2/3	2/3	2/3	2/3	2/3
合计得分		3.33	3.33	3.33	3.33	3.33	3.33	4.67	4.93	4.93	4.93	4.93	4.93	4.93	4.93	4.73	4.73	4.73

附件6:1995—2011年中国药品专利执法强度

1995—2011 年中国药品专利执法强度

指标 年份	立法时间(年)	得分	人均国内生产总值(美元)	得分	WTO	WIPO	WHO	得分	成人识字率(%)	得分
1995	41	0.41	607	0.30	0	1	1	2/3	81.5	0.86
1996	42	0.42	697	0.35	0	1	1	2/3	82.2	0.87
1997	43	0.43	767	0.38	0	1	1	2/3	82.8	0.87
1998	44	0.44	755	0.38	0	1	1	2/3	83.5	0.88
1999	45	0.45	819	0.41	0	1	1	2/3	84.2	0.89
2000	46	0.46	886	0.44	0	1	1	2/3	86.8	0.91
2001	47	0.47	956	0.48	1	1	1	1	88.5	0.93
2002	48	0.48	1 027	0.51	1	1	1	1	88.4	0.93
2003	49	0.49	1 139	0.57	1	1	1	1	89.1	0.94
2004	50	0.5	1 320	0.66	1	1	1	1	89.7	0.94
2005	51	0.51	1 703	0.85	1	1	1	1	89.0	0.94
2006	52	0.52	2 042	1.00	1	1	1	1	90.7	0.95
2007	53	0.53	2 280	1.00	1	1	1	1	91.6	0.96
2008	54	0.54	3 381	1.00	1	1	1	1	92.2	0.97
2009	55	0.55	3 560	1.00	1	1	1	1	92.9	0.98
2010	56	0.56	4 434	1.00	1	1	1	1	95.9	1
2011	57	0.57	5 447	1.00	1	1	1	1	94.8	1

附件7:2002—2011年各地区药品专利执法强度

2002—2011年各地区药品专利执法强度

年份 地区	2002	2003	2004	2005	2006	2007	2008	2009	2010	2011
全国	0.744	0.766	0.797	0.828	0.869	0.874	0.878	0.882	0.889	0.892
北京	0.869	0.874	0.874	0.877	0.879	0.882	0.884	0.887	0.889	0.892
天津	0.865	0.869	0.874	0.878	0.879	0.882	0.884	0.887	0.889	0.892
河北	0.748	0.771	0.809	0.845	0.876	0.879	0.885	0.888	0.889	0.892
山西	0.723	0.751	0.785	0.819	0.856	0.882	0.884	0.887	0.889	0.892
内蒙古	0.721	0.751	0.803	0.861	0.869	0.874	0.877	0.881	0.889	0.892
辽宁	0.816	0.839	0.863	0.878	0.879	0.882	0.884	0.887	0.889	0.892
吉林	0.751	0.770	0.798	0.829	0.876	0.884	0.884	0.887	0.889	0.892
黑龙江	0.760	0.781	0.813	0.845	0.880	0.882	0.884	0.887	0.889	0.892
上海	0.862	0.870	0.871	0.877	0.880	0.882	0.884	0.887	0.889	0.892
江苏	0.813	0.848	0.854	0.864	0.869	0.874	0.877	0.882	0.889	0.893
浙江	0.848	0.851	0.853	0.859	0.866	0.869	0.873	0.879	0.888	0.889
安徽	0.673	0.696	0.714	0.722	0.757	0.799	0.860	0.866	0.881	0.883
福建	0.793	0.816	0.847	0.857	0.863	0.866	0.871	0.878	0.889	0.892
江西	0.693	0.714	0.737	0.757	0.794	0.846	0.881	0.888	0.889	0.892
山东	0.775	0.800	0.853	0.858	0.869	0.874	0.877	0.881	0.890	0.888
河南	0.707	0.723	0.756	0.788	0.827	0.875	0.879	0.883	0.889	0.891
湖北	0.706	0.731	0.757	0.785	0.827	0.873	0.878	0.880	0.891	0.890
湖南	0.713	0.728	0.757	0.779	0.816	0.876	0.883	0.887	0.889	0.892
广东	0.847	0.866	0.870	0.875	0.880	0.882	0.884	0.887	0.889	0.892
广西	0.692	0.706	0.730	0.749	0.786	0.832	0.883	0.887	0.889	0.892
海南	0.727	0.741	0.767	0.785	0.819	0.868	0.875	0.880	0.889	0.893

续表

年份 地区	2002	2003	2004	2005	2006	2007	2008	2009	2010	2011
重庆	0.713	0.736	0.751	0.799	0.836	0.875	0.878	0.882	0.889	0.893
四川	0.686	0.705	0.727	0.730	0.777	0.831	0.871	0.877	0.889	0.887
贵州	0.633	0.640	0.659	0.662	0.687	0.722	0.779	0.805	0.872	0.873
云南	0.653	0.668	0.701	0.707	0.740	0.778	0.839	0.862	0.887	0.883
西藏	0.610	0.595	0.645	0.661	0.686	0.748	0.799	0.796	0.839	0.828
陕西	0.685	0.710	0.740	0.775	0.818	0.872	0.877	0.882	0.889	0.892
甘肃	0.650	0.664	0.686	0.700	0.722	0.765	0.819	0.844	0.880	0.880
青海	0.666	0.685	0.711	0.731	0.779	0.836	0.854	0.862	0.876	0.878
宁夏	0.688	0.706	0.736	0.749	0.792	0.858	0.872	0.875	0.887	0.884
新疆	0.739	0.766	0.791	0.819	0.861	0.882	0.886	0.887	0.889	0.892

参考文献

[1]蔡基宏.影响中国医药行业创新能力关键因素分析[J].上海经济研究,2009(11):14 - 20.

[2]陈明森.市场进入退出与企业竞争战略[M].北京:中国经济出版社,2001.

[3]程立茹.价值创新与企业技术创新战略[M].北京:对外经济贸易大学出版社,2007.

[4]丹尼尔·史普博.管制与市场[M].上海:上海人民出版社,1999.

[5]刁天喜.中国制药企业技术创新战略选择问题探讨[D].北京:中国人民解放军军事医学科学院博士学位论文,2007.

[6]高萍.中国药品产业政府规制研究[D].西安:西北大学博士学位论文,2009.

[7]郭克莎.中国医药制造业的国际地位与比较优势[J].经济管理,2003(17):65 - 69.

[8]霍沛军,宣国良.纵向一体化前后上游 R&D 投资的比较[J].系统工程学报,2001(1):36 - 38.

[9]霍沛军,宣国良.纵向一体化对下游 R&D 投资的效应[J].管理工程学报,2002(1):44 - 46.

[10]姜福洋.论药价畸高的基础成因[J].社会科学战线,2006(6):290 - 292.

[11]蒋天文,樊志宏.中国医疗系统的行为扭曲机理与过程分析[J].经济研究,2002(11):71 - 80.

[12]寇宗来."以药养医"与"看病贵、看病难"[J].世界经济,2010(1):49 - 68.

[13]李鹏飞,汪德华,郑江淮.医疗服务价格管制与"以药养医"[J].南方经济,2006(1):68 - 76.

[14]毛凯军,吴贵生.创新与创业管理[M].北京:清华大学出版社,2007.

[15]孟庆跃,成刚,孙晓杰.药品价格政策对药品费用控制的影响研究[J].中国卫生经济,2004(4):52 - 54.

[16]植草益.微观管制经济学[M].北京:中国发展出版社,1992.

[17]中国医药企业管理协会.中国医药产业发展报告(1949 - 2009)[R].北京:化学工业出版社,2009.

[18]丹尼尔.史普博.管制与市场[M].上海:上海人民出版社,1999.

[19]余晖.政府与企业:从宏观管理到微观管制[M].福州:福建人民出版社,1997.

[20]张琼.事件研究法在中国药品降价政策评估中的应用[J].财经研究,2010(12).

[21]吴斌珍,张琼,乔雪.对药品市场降价政策的评估——来自中国1997—2008 年的证据[J].金融研究,2011,(6).

[22]蒋建华.中国现阶段药品价格规制效果的实证研究[J].价格月刊,2012(4).

[23]韩玉雄,李怀祖.关于中国知识产权保护水平的定量分析[J].科学学研究,2005 (3):377 – 381.

[24]许春明,单晓光.中国知识产权保护强度指标体系的构建及验证[J].科学学研究, 2008(8):715 – 723.

[25]钱德勒.塑造工业时代——现代化学工业和制药工业的非凡历程[M].北京:华夏 出版社,2006.

[26]施马兰西.产业组织经济学手册[M].北京:经济科学出版社,2009.

[27]王广基,邹珊刚,陈传宏.中国医药科学技术战略与政策研究[M].北京:中国医药 科技出版社,2002.

[28]王红领,李稻葵,冯俊新.FDI 与自主研发:基于行业数据的经验研究[J].经济研 究,2006(2):44 – 56.

[29]王虎峰,戴莉.中国药品自主创新管理战略、模式和政策建议[J].中国软科学,2009 (5):8 – 15.

[30]王俊豪.现代产业组织理论与政策[M].北京:中国经济出版社,2004.

[31]王俊豪.管制经济性学科建设的若干理论问题[J].中国行政管理,2007(8): 86 – 90.

[32]王绍光.政策导向、汲取能力与卫生公平[J].中国社会科学,2005(6):101 – 120.

[33]王耀忠.药品价格管制的经济分析——中国医药市场的成长之谜[M].上海:立信 会计出版社,2010.

[34]王玉梅.中国医药产业成长障碍[M].上海:上海人民出版社,2007.

[35]魏际刚.中国医药体制改革与发展[M].北京:商务印书馆,2009.

[36]吴斌珍,张琼.政府药品降价政策的效果评估:1997—2008[R].NIFS 工作论文, No.000014,2010.

[37]石磊.价格规制、激励扭曲与医疗费用上涨[J].南方经济,2010(1):38 – 46.

[38]屈援.基于 SCP 分析的中国中药产业创新能力提升研究[M].北京:经济科学出版 社,2009.

[39]肖兴志,孙阳.规制影响评价的理论、方法与应用[J].经济管理,2007(6):86 – 91.

[40]徐作圣,邱奕嘉.高科技创新与竞争:竞争优势策略分析模式[M].北京:机械工业 出版社,2002.

[41]杨建文.产业经济学[M].上海:学林出版社,2004.

[42]于立,于左,田坤.中国药品价高之谜及其经济学解读[J].产业经济评论,2006 (4):1 – 11.

[43]郁义鸿.产业链类型与产业链效率基准[J].中国工业经济,2005(11):35 – 42.

[44]司其仁.病有所医当问谁? [M].北京:北京大学出版社,2008.

[45]朱恒鹏.医疗体制弊端与药品定价扭曲[J].中国社会科学,2007(4):89 – 103.

[46]陈文玲,李金菊,颜少君等著.药品现代流通研究报告:中国药品现代市场体系的研究与设计[M].北京:中国经济出版社,2010.

[47]吴春福.药学概论(第二版)[M].北京:中国医药科技出版社,2007.

[48]李全林.新医药开发与研究(上)[M].北京:中国医药科技出版社,2008.

[49]刘国恩.2010中国医药产业发展报告[M].北京:科学出版社,2010.

[50]甘泉.对药品价格管理的分析和制度设计[J].中国药事,2007(9):15-20.

[51]姜成.TRIPS协定与限制知识产权滥用分析[D].哈尔滨:哈尔滨工程大学硕士论文,2008.

[52]寇宗来.专利知识的低效使用和最优专利设计[J].世界经济文汇,2004(8):51-62.

[53]张庆霖.纵向市场、政府规制与创新扭曲:中国制药产业的研究[D].广州:暨南大学博士论文,2011.

[54]肖兴志,姜晓婧.中国电信产业改革评价与改革次序优化——基于产权、竞争、规制的动态面板模型[J].经济社会体制比较,2013(3).

[55]田侃.中国药事法[M].南京:东南大学出版社,2011.

[56]张艳梅.药品专利法律问题研究[D].吉林:吉林大学博士论文,2008.

[57]熊彼特.资本主义、社会主义与民主(中文版)[M].北京:商务印书馆,1999.

[58]王子君.市场结构与技术创新[J].经济学家,2002(4):50-61.

[59]刘茂松,陈素琼.知识经济时代技术创新与垄断结构关系研究[J].湖南师范大学社会科学学报,2006(3).

[60]刘国新,万君康.市场结构对技术创新的影响分析[J].管理工程学报,1997(6).

[61]魏后凯.市场竞争、经济绩效与产业集中:对中国制造业集中与市场结构的实证研究[M].北京:经济管理出版社,2003.

[62]戚聿东.我国产业集中度与经济绩效关系的实证分析[J].首都经济贸易大学学报,1999(1):40-48.

[63]刘旭宁.买方垄断、药品定价与我国制药产业研发投入[D].济南:山东大学博士论文,2012.

[64]许春明,陈敏.中国知识产权保护强度的测定及验证[J].知识产权,2008(1):18-25.

[65]董雪兵等.转型期知识产权保护制度的增长效应研究[J].经济研究,2012(8):20-34.

[66]柳剑平,郑绪涛.专利制度:对技术创新的激励作用及其优化[J].湖北行政学院学报,2008(1):58-60.

[67]张倩,谭慧敏.专利制度对技术创新的激励作用——法经济学视角的分析[J].成都大学学报(社会科学版),2008(2):9-11.

[68]贾志强.专利制度对技术创新的激励作用探析[J].科技情报开发与经济,2004(4):150-151.

[69]包海波.专利制度:技术创新激励的制度安排[J].中共浙江省委党校学报,2004(3):88-92.

[70]葛秀,邵展翅.专利制度、产权激励和技术创新绩效[J].未来与发展,2013(6):31-37.

[71]黄志启.产权激励、专利制度与企业技术创新绩效分析[J].商业时代,2013(18):82-84.

[72]郑友德,高华.论专利制度对创新的激励[J].科研管理,1999(3):70-75.

[73]潘向军,吴志鹏.专利制度激励技术创新的宏观机制[J].科学管理研究,2003(1):7-11.

[74]李洁,叶凯.我国药品政府定价制度分析及完善策略[J].中国卫生事业管理,2013(2):102-105.

[75]伊利.我国药品价格形成机制研究[D].济南:山东大学硕士论文,2007.

[76]景鑫亮.政府监管视角下的我国创新药品定价研究[D].南京:南京大学硕士论文,2011.

[77]吴志鹏,方伟珠,包海波.专利制度对技术创新激励机制微观安排的三个维度[J].科学学与科学技术管理,2003(1):52-56.

[78]吴志鹏,方伟珠.试论专利制度对技术创新激励机制宏观安排的三个维度[J].科技管理研究,2003(2).

[79]王润华,陈建伟.全球化背景下的激励创新与专利系统———一个新制度主义的分析[J].社会发展研究,2015(3).

[80]毛志鹏.专利制度对我国企业自主创新的激励作用[J].宿州教育学院学报,2010(5):23-25.

[81]穆林,许爱萍,俞会新.制药产业技术创新人才支撑体系问题及对策——以河北省为例[J].河北学刊,2014(02):209-213.

[82]杨舒杰.论我国政府在医药企业技术创新中的激励政策[J].中国药房,2002(11):644-645.

[83]刘运国,刘雯.我国上市公司的高管任期与R&D支出[J].管理世界,2008(1):128-136.

[84]巫强,刘志彪.进口国质量管制条件下的出口国企业创新与产业升级[J].管理世界,2007(2):53-60.

[85]朱平芳,徐伟民.政府的科技激励政策对大中型工业企业R&D投入及其专利产出的影响——上海市的实证研究[J].经济研究,2003(6):45-53.

[86]吴延兵.市场结构、产权结构与R&D——中国制造业的实证分析[J].统计研究,

2007(3):67 – 75.

[87]陈宪.我国药品定价对新药研发的影响研究[D].沈阳:沈阳药科大学硕士学位论文,2008.

[88]韩锋.我国药品政府定价对制药企业的影响及建议[D].沈阳:沈阳药科大学硕士学位论文,2009.

[89]2008 年全球药品市场销售额领先的治疗领域与产品[EB/OL]. http://www. ebiotrade. com/newsf/2009 – 10/2009102191329242. htm,2009 – 12 – 15.

[90]国务院法制办公室. 我国将进行第四次专利法修改工作[EB/OL]. http://www. chinalaw. gov. cn/article/xwzx/fzxw/201206/20120600369261. shtm,2012 – 09 – 10.

[91]上海信息服务平台. 最新新药研发花费统计[EB/OL]. http://wenku. baidu. com/ view/3fa7610f79563c1ec5da7127. html,2012 – 03 – 12.

[92]华源医药网. 新药研发成本居高不下[EB/OL]. http://www. hyey. com/MemberServices/ArtcleCharge/ShowArticle. aspx? ArticleID = 192821,2011 – 04 – 12.

[93]EvaluatePharma. 2015 年全球医药行业预测. 展望 2020 年[J]. 药学进展,2015(12): 936 – 955.

[94]Shane,S. A. , Ulrich, K. T. Technological innovation, product development and entrepreneurship in management science[J]. Management Science, 2004, 50(2): 133 – 144.

[95] Lederman, D. , Maloney, W. F. R&D and development[EB/OL]. World Bank Policy Research Working Paper No. 3 024, http: // ssrn. com / abstract = 402 480,2003 – 4 – 16.

[96] Aghion, P. , Banerjee, A. V. , George-Marios, A. , et al. Volatility and growth: Credit constraints and productivity-enhancing investment[EB/OL]. NBER Working Paper No. W11349, http: // ssrn. com / abstract = 727129,2005 – 5 – 14.

[97] Schiff, M. , Olarreaga, M. , Wang, Y. L. Trade-related technology diffusion and the dynamics of north-south and south-south integration[EB/OL]. World Bank Policy Research Working Paper No. 2861, http: // ssrn. com / abstract = 313838,2002 – 6 – 10.

[98] Hoekman, B. M. , Maskus, K. E. , Saggi, K. Transfer of technology to developing countries: Unilateral and multilateral policy options[J]. World Development, 2005, 33(10): 1 587 – 1 602.

[99] Zhao, M. Y. Conducting R&D in countries with weak intellectual property rights protection[J]. Management Science,2006,52(8):1 185 – 1 200.

[100] Powell, W. W. , Koput, K. W. , Smith-Doerr, L. Interorganizational collaboration and the locus of innovation: Networks of learning in biotechnology[J]. Administrative Science Quarterly, 1996, 41(1): 116 – 146.

[101] Jefferson, G. H. , Bai, H. M. , Guan, X. J. , et al. R&D performance in Chinese industry[J]. Economics of Innovation and New Technology, 2006, 15(4 / 5): 345 – 366.

[102] Mahmood, I. P. , Mitchell, W. Two faces: Effects of business groups on innovation in emerging economies[J]. Management Science, 2004, 50(10): 1348 – 1366.

[103] Kim, H. C. , Kim, H. C. H. , Lee, P. M. Ownership structure and the relationship between financial slack and R&D investments: Evidence from Korean firms[J]. Organization Science, 2008, 19(3): 404 – 420.

[104] Dougherty, D. A practice-centered model of organization renewal through product innovation[J]. Strategic Management Journal, 1992, 13: 77 – 93.

[105] King, D. R. , Slotegraaf, R. J. , Kesner, I. Performance implications of firm resource interactions in the acquisition of R&D intensive firms[J]. Organization Science, 2008, 19(2): 327 – 343.

[106] Barker III, V. L. , Mueller, G. C. CEO Characteristics and firm R&D spending[J]. Management Science, 2002, 48(6):782 – 802.

[107] Wu, J. F. , Tu, R. T. CEO stock option pay and R&D spending: A behavioral agency explanation[J]. Journal of Business Research, 2008, 60(5): 482 – 492.

[108] Sitkin, S. B. , Weingart, L. R. Determinants of risky decision-making behavior: A test of the mediating role of risk perceptions and propensity[J]. Academy of Management Journal, 1995, 38(6): 1 573 – 1 592.

[109] G. Steven McMillan, Alfredo Mauri, Robert D. Halmilton III. The Impact of Publishing and Patenting Activities on New Product Development and Firm Performance: The Case of U. S. Pharmaceutical Industry [J]. International Journal of Innovation Management, 2003, 7 (2): 119 – 135.

[110] J. H. Taggart. Determinants of Foreign R&D Locational Decision in The Pharmaceutical Industry[J]. R&D Managemen, 2007,21(3):229 – 240.

[111] H. Grabowski. Patents, Innovation and Access to New Pharmaceuticals[J]. Journal of International Economic Law,2002,5(4):849 – 860.

[112] Sood, N. H. de Vries, I. Gutierrez, D. N. Lakdawalla and Goldman, D. P. The Effect of Regulation On Pharmaceutical Revenues: Experience In Nineteen Countries[J]. Health Affairs, 2009,28(1): 125 – 137.

[113] Pugatch M. P. Measuring the Strength of National Pharmaceutical Intellectual Property Regimes: Creating a New Pharmaceutical IP Index[J]. Journal of World Intellectual Property, 2006,9(4):373 – 391.

[114] K. J. Arrow. Economic Welfare and the Allocation of Resources for Invention, the Rate and Direction of Inventive Activity[M]. Princeton: Princeton University Press, 1962.

[115] J. K. Galbraith. American Capitalism[M]. Boston: Houghton Miffin Press, 1952.

[116] W. Maclaurin. Market Structure and Technological Change[M]. Switzerland: Harword

Academic Publishers, 1987.

[117]Scherer. Firm Size, Market Structure, Opportunity and the Output of Patented Inventions[J]. American Economic Review. 1965.

[118]Loeb, P. D. Lin, V. Research and Development in the Pharmaceutical Industry A Specification Error Approach[J]. Journal of Industrial Economics, 1977, 26(1):45 – 51.

[119]Soete, L. L. G. Firm Size and Innovation Activity[J]. European Economic Review, 1979(12):319 – 340.

[120]Nelsom, et al. Technology, Economic Growth and Public Policy[M]. Washington: Brookings, 1967.

[121]Kamien M, Schwartz N. Market Structure and Innovation[M]. Cambridge: Cambridge University Press, 1982.

[122]Kamien, Schwartz. Dynamic Optimization[M]. New York: North Holland, 1981.

[123]Comanor W. S. Market structure, product differentiation, and industrial research[J]. Quarterly Journal of Economics, 1967, 81(4) : 639 – 657.

[124]Freeman, N C. Chemical process plant: innovation and the world market[J]. National Institute Economic Review, 1968(45): 29 – 57.

[125]Mansel G. Blackford. The Rise of Modern Business in Great Britain, The United States, and Japan[M]. The University of Carolina Press, 1998.

[126]Mansfield. The Production and Application of New Industrial Technology[M]. New York: Norton, 1977.

[127]Garrett Hardin. The of the Commons[J]. Science, 1968(168):1244.

[128]Bloom, Nicholas, Van Reenen, John Michael. Patents, Real Options and Firm Performance[J]. Economic Journal, 2000(112):97 – 116.

[129]G. Steven McMillan, Alfredo Mauri, Robert D. Halmilton III. The Impact of Publishing and Patenting Activities on New Product Development and Firm Performance: The Case of The U. S. Pharmaceutical Industry [J]. International Journal of novation Management, 2003, 7 (2): 119 – 135.

[130]Annika Rickne, Staffan Jaeobsson. New Technology-Based Firms In Sweden—A Study Of Their Direct Impact On Industrial Renewal[J]. Economics of Innovation and New Technology, 1999, 8(3):197 – 223.

[131]E. Mansfield, M. Sehwarz. S. Wagner. Imitation Costs and Patents—An Empirical Study [J]. Economic Journal, 1981(91):907 – 918.

[132]E. Mansfield. Patent and Innovation: An Empirical Study[J]. Management Science, 1986(32):173 – 181.

[133]Wesley M. Cohen, Richard R. Nelson, John P. Walsh. Protecting Their Intellectual As-

sets:Appropriability Condition and Why U. S. Manufacturing Firms Patent (or not). Conference on New Science and Technology Indicators for the Knowledge Based Economy. OECD,1996.

[134]Richard C. Levin,Alvin K. Klevorick et al. Appropriate the Returns from Industrial Research and Development. Brookings Papers on Economic Activity[J]. Special Issue on Microeconomics,1987(3):783 – 831.

[135]Talyor C. T. Silberston, Z. A. The Economics Impact of the Patent System:A Study of the British Experience[M]. British:Cambridge University Press,1973.

[136]M. Sehankerman. How Valuable Patent Protection? Estimated by Technology Field[J]. The RAND Journal of Economics,1998,29(1):77 – 107.

[137]Harvey E. Bale Jr. Patent Protection and Pharmaceutical Innovation[J]. Now York University Journal of International Law and Polities,1996,29:95 – 102.

[138]F. M. Scherer, S. Weisburst. Economic Effects of Strengthening Pharmaceutical Patent Protection in Italy. Patents:Economies,Policy and Measurement[M]. MA:Edward Elgar Publishing,2005.

[139]B. Pazderka. Patent Protection and Pharmaceutical R&D Spending in Canada[J]. Canadian PubPolicy/Analyze de Politiques,1999,25(1):29 – 46

[140]John P. Walsh,Ashish Arora,Wesley M. Cohen. Research Tool Patenting and Licensing and Biomedical Innovation. in W. M. Choen, S. Patents in the Knowledge-Based Economy[M]. Washington DC:National Academies Press,2003.

[141]Tcd Buckley. The Myth of the Anticommons[EB/OL]. http://www. bio. org/ip/domestic/The Myth of the Anticommons. pdf,2009 – 08 – 19.

[142]Michael A. Heller,Rebecca S. Eisenberg. Can Patent Deter Innovation? The Anticommons in Biomedical Research[J]. Science,1998,280(5364):698 – 701.

[143]Frederic M. Scherer. The Economics of Human Gene Patents[J]. Academic Medicine, 2002,77(12):1348 – 1367.

[144]Yiyong Yuan. Tragedy of Anti-Commons,Emipiral Evidence from the Pharmaceutical Industry[EB/OL]. http://extranet. isnie. org/uploads/isnie2009/yuan. pdf,2009 – 08 – 27.

[145]Chaeko,T. I. ,Wacker,J. G. An Examination of Strategic Goals and Management Practices of Russian Enterprises[J]. International Business Review,2001(10):475 – 490.

[146]Lado,A. Wilson,M. C. Human Resource Systems and Sustained Competitive Advantage: A Competence Based Perspective[J]. Academy of Management Review,1994(19):699 – 727.

[147]Nelson,R. E. Phelps. Investment in Humans,Technological Diffusion, and Economic Growth[J]. American Economic Review,1966,56(2):69 – 75.

[148]Coe D. E. ,Helpman E. International R&D Spillovers[J]. European Economic Review, 1995,(3)9:859 – 887.

[149]Kwanghui,L. The Relationship Between Research and Innovation: in the Semiconductor and Pharmaceutical Industries(1981 - 1997)[J]. Research Policy,2004(2):287 - 321.

[150]Viscusi, W. K. , Vernon, J. M. and Hawing, J. E. Economics of Regulation and Antirust[M]. Cambridge: The MIT Press,1995.

[151]Stigler,G. J. The Theory of Economic Regulation[J]. Bell Journal of Economics and Management Science,1971 (2):3 - 21.

[152]Rowley,C. K. ,Robert,D. T. and Tullock,G. The Political Economy of Rent-Seeking [M]. New York: Kluwer Acamdemic Publisher,1988.

[153]Peltzman, S. An Evalutation of Consumer Protection Legislation: The 1962 Drug Amendments[J]. Journal of Political Economy, 1973(8):1049 - 1091.

[154]Peltzman,S. Toward a More General Theory of Regulation[J]. Journal of Law and Economics,1976(19)211 - 240.

[155]Shleifer,A. and Vishny,R. W. Corruption[J]. Quarterly Journal of Economics, 1993 (3):599 - 617.

[156]Becker,G. S. A Theory of Competition among Pressure Groups for Political Influence [J]. Quarterly Journal of Economics,1983(98):371 - 400.

[157]Posner,R. A. Theories of Economic Regulation[J]. Bell Journal of Economics, 1974 (5):335 - 358.

[158]McChesney F. S. Rent Extraction and Rent Creation in the Economic Theory[M]. New York: Kluwer Acamdemic Publisher,1988.

[159]Djankov,S. ,La Porta,R. ,Lopez-de-Silance,F. , and Shleifer, A. The Regulation of Entry[J]. The Quarterly Journal of Economics,2002(117):1 - 37.

[160]McCubbins,M. D. Abdication or Delegation? Congress, the Bureaucracy, and the Delegation Dilemma[J]. Regulation, 1999(2):30 - 37.

[161]Schweitzer,S. O. Pharmaceutical Economics and Policy[M]. New York: Oxford University Press, 1997.

[162]Abraham,J. Science, Politics, and the Pharmaceutical Industry: Controversy and Bias in Drug Regulation[M]. London: UCL Press Limited,1995.

[163]Boston Consulting Goroup. PhRMA project on Government Interventions in Pharmaceutical Markets in OECD countries in Overview of Government Interventions in OECD Countries[R]. Julyl,2004.

[164]Craig,A. and Malek,M. Market Structure and Conduct in the Pharmaceutical Industry [J]. Pharmacology & Therapeutics, 1995(2):301 - 337.

[165]Koberstein,W. ,Redmond,C. ,and Star,L. When Worlds Collide[J]. Pharmaceutical Executive,2002 (9):40 - 62.

[166]Blau,G. ,Mehta,B. ,Bose,S. Pekny,J. , Sinclair,G. Keunker,K. and Bunch,P. Risk Management in The Development of New Products in Highly Regulated Industries[J]. Computers and Chemical Engineering, 2000,24(2): 659 – 664.

[167]Pass,D. and Postle,M. Unlocking the Value of R&D: Managing the Risks[J]. BioPharm,2002(15):67 – 71.

[168]Romer. P. M. Endogenous Technological Change[J]. Journal of Political Economy, 1990(5):1290 – 1310.

[169]Calfee, J. E. The Increasing Necessity for Market-based Pharmaceutical Prices[J]. Pharmaceutical Economics,2000a(I 8):47 – 57.

[170]Grabowski,H. G,Vernon,J. M. and DiMasi,J. A. Returns on Research and Development for 1990s New Drug Introductions[J]. Pharmaceutical Economics, 2002,20(3):11 – 29.

[171]Henderson, R. and Cockburn, L. Scale, Scope and Spillovers: The Determinants of Research Productivity in Drug Discovery[J]. Rand Journal of Economics,1996(1):32 – 59.

[172]Galambos,L. and Sturchio,J. L. The Pharmaceutical Industry in the Twentieth Century: A Reappraisal of the Sources of Innovation[J]. History and Technology,1996(2):83 – 100.

[173]Malerba and Orsenigo. Technological Regimes and Sectoral Patterns of Innovative Activities[J]. Industrial and Corporate Change, 1997(1):83 – 118.

[174]Takayama, M. Watanabe, C. and Griffy-Brown C. Remaining Innovative without Sacrificing Stability: an Analysis of Strategies in the Japanese Pharmaceutical Industry that Enable Firms to Overcome Inertia Resulting from Successful Market Penetration of New Product Development[J]. Technovation,2002(12):747 – 759.

[175]Becker, M. and Lillemark,M. Marketing. R&D Integration in the Pharmaceutical Industry[J]. Research Policy,2006,35 (1):105 – 120.

[176]McCutchen, Jr. , W. W. Estimating the Impact of the R&D Tax Credit on Strategic Groups in the Pharmaceutical Industry[J]. Research Policy, 1993(4):337 – 351.

[177]Croft, S. L. Public-private Partnership: From There to Here[J]. Transactions of the Royal Society of Tropical Medicine and Hygiene,2005 (99):9 – 14.

[178]Nwaka,S. Drug Discovery and Beyond: The Role of Public-private Partnerships in Improving Access to New Malaria Medicines[J]. Transactions of the Royal Society of Tropical Medicine and Hygiene,2005(99):20 – 29.

[189]Orsenigo,L. ,Pammolli,F. and Riccaboni, M. Technological Change and Network Dynamics Lessons from the Pharmaceutical Industry[J]. Research Policy, 2001(30):485 – 508.

[190]Bardey,D. Bommier,A. and Jullien,B. Retail Price Regulation and Innovation: Reference Pricing in the Pharmaceutical Industry [J]. Journal of Health Economies, 2010 (29): 303 – 316.

[191]Karen E. ,Ling L. ,Meng,Q. Y. ,Magnus, L. and Adam, W. Health service delivery in China: A literature reiview[C]. Policy Research Working Paper Series No. 3 978,World Bank, 2006.

[192]Gassmann,O. ,Reepmeyer, G. and von Zedtwitz,M. . Leading Pharmaceutical Innovation[M]. Springer-Verlag Berlin Heidelgerg, 2008.

[193]Grabowski H. G. and Vernon J. M. The Determinants of R&D Expenditures. In Helms,R. B. (ed) Drugs and Health[M]. Washington: AEI Press,1981.

[194]Wiggins,S. N. Product Quality Regulation and New Drug Introductions: Some New Evidence from the 1970s[J]. Review of Economics and Statistics, 1981(32):615 – 619.

[195]Thomas,L. G. Regulation and Firm Size: FDA Impacts on Innovation[J]. The Rand Journal of Economics, 1990(4):497 – 517.

[196]Mansfield. E. Intellectual Property Protection,Direction Investment and Technology Transfer: Germany, Japan, and the United States[C]. World Bank, International Finance Corporation, Discussion Paper 27,1995.

[197]Jean O. Lanjouw. Cockburn,IM. New Pills for Poor People? Empirical Evidence after GATT. World Development,2001,29(2):265 – 289.

[198]Rapp Richard, Rozek R. P. Benefits and costs of intellectual property protection in developing countries[J]. Journal of World Trade,1990,77(5):75 – 102.

[199]Ginarte J. C. ,Park W. G. Determinants of patent rights: across-national study[J]. Research Policy,1997,26(3): 283 – 301.

[200]Lesser W. The Effect of Trips——Mandated Intellectual Property Rights on Economic Activities in Development Countries[R]. Prepared under WIPO Special Service Agreement. WIPO, 2003.

[201]Danzon P. Making sense of Drug prices[J]. Regulation, 2000, 23(1): 56 – 63.

[202]Vernon J. A. Examining the link between price regulation and pharmaceutical R&D investment[J]. Health Economics, 2005(14):1 – 16.

后　记

本书是在我博士学位论文的基础上进一步完善的成果。2010 年，开始了博士阶段的学习历程，也是在这个时期接触到规制经济学的理论。我的爱人从事医疗服务工作，因此我比较关注药品安全、医疗服务、医疗改革等问题。随着学习的深入，我关注到中国药品安全事件频发、注册新药数量较大，与之不匹配的是中国制药产业的技术创新投入严重不足。以此为切入点，我开始研究制药产业技术创新激励问题，并选择新药规制和专利制度两个角度来分析制药产业技术创新激励效果。

能完成以"制药产业技术创新激励效应研究"为主要研究对象的博士论文，首先感谢我的导师王俊豪教授和肖兴志教授对本人的精心指导！在攻读博士的三年中，王老师严谨治学的学风、待人宽厚的心胸、为人谦逊的品格，深深地影响着我，使我受益终身。王老师对学术的热爱，深深地鞭策我沿着学术之路坚定前行。令我庆幸的是肖兴志教授也能成为我的博士导师，肖老师严谨的治学风格、精益求精的治学精神、真诚待人的胸襟、志存高远的人生追求，深深地影响着我。通过课题讨论和论文指导，我加深了对经济学研究的认识。在三年的博士求学期间，东北财经大学产业组织与企业组织研究中心于左研究员以及其他老师也给予我极大的帮助和指导，在此致以诚挚的谢意。

我的"师门"是一个团结、进步的集体。感谢师兄王岭、陈长石、韩超在论文选题和构思中对我的帮助；感谢同学李少林、施继坤、王新翠对我研究方法的指导；感谢同学姜晓婧对我的论文进行修改、校对；感谢高月、刘承毅、付金存在我论文写作和日常生活中给予的帮助。

此外，大连市学术专著资助出版评审委员会的专家对本书提出了许多有益的修改意见，使得本书的体系更加完整，内容更加充实。在此向评审委员会的专家致以最衷心的谢意。

最后，我还要由衷地感谢我的父母，感谢他们多年来对我学业的支持和鼓励，感谢他们为我成长所付出的一切。

　　本书引用了大量的珍贵文献和学术观点,在此一并表示感谢。由于本人水平有限,论文中仍然存在较多不足,恳请学界专家、学者批评指正。

　　最后,感谢大连市学术专著资助出版评审委员会专家的修改意见,使本书的体系更加完整,内容更加充实。

刘素坤